説話社 占い選書 14

もっともわかりやすい

現代式 姓名判断

ジュヌビエーヴ・沙羅

はじめに

「新字体」による診断で現代の息吹を感じて

あなたがこの世に生まれてあたえられる、最初のとっておきの贈り物、それが名前です。自分の名前が大好きな人もいれば、今一つピンとこない人もいるかもしれません。しかし、ご両親をはじめ、周囲の愛情がいっぱい込められた、最高に素晴らしい贈り物であることは間違いないでしょう。

その名前に、さらには名字も含めて、どんな運命や秘密、才能や可能性が隠されているのかを知りたい、とは誰しもが思うこと。姓名判断が、相変わらず、大人気なのもうなずけます。

とはいえ、結婚などで名字が変わる人もいれば、SNSなどで別の名を持つ人も少なくない現代。名前や画数が変わることで、自分の運命がどう変わるのか、どんな変化が起こるのか、どんな可能性が開けてくるのか、と興味深く思う人も少なくないはずです。

実は、姓名判断の奥深いところは、生年月日をベースにした星占い（ホロスコープ）や四柱推命などとは違って、回答が決して一つだけでなく、その人の変化によって導き出される運命や未来、可能性も変わりうるという点なのです。

ところで、かつて占い雑誌の編集をしていた頃から、姓名判断に接するたび、私は何か違和感のようなものをずっと抱いてきました。

その理由とは、従来の姓名判断が旧字を土台にしており、吉凶が判断の中心だったせいだと思います。旧字には歴史的な意味合いが含まれ、由緒ある反面、やはり現代にそぐわない感は否めません。

さらに、今までの姓名判断は、苗字中心主義のため、伝統的な家族観の上に成り立つ解説が多かったのも、違和感の一つなのでしょう。

やはり、まさに今、生きて生活している私たちが、感じているものや現代の息吹が、欠けていたのかもしれません。

そこで、この本では、私たちが日常使っている「新字」で診断しています。

また、名前や画数の持つオリジナリティや可能性、才能や将来性などに着目し、重きを置いて書いてみました。

きっと、今までとは違う、新たな名前の魅力や素晴らしさを感じていただけると思います。

そして、人生を歩む上でのヒントや幸運への道しるべにしていただけたら、とてもうれしく思います。

ジュヌビエーヴ・沙羅

もくじ

第1章　姓名判断とは

名前にはその人の運命が秘められている

自分の名前を、あなたはどう思っていますか？　とても気に入っている！　という人もいれば、どうも今一つ、と感じている人もいるかもしれませんね。ともあれ、そんな自分の名前と、今までずっとつき合ってきたのですし、今後も共に歩んでいくわけです。

名前とは、あなたがこの世に生まれて、社会の一員として認められた、大事な証です。そして、あなたの誕生を心から喜び、幸せを祈って、親がつけてくれた、素晴らしい贈り物なのです。

生まれたばかりの赤ちゃんは、両親や兄弟姉妹、祖父母といった家族をはじめ、周囲の人達から、自分の名前を呼ばれ、認識することで、自分の存在を自覚するようになります。名前を呼ばれると、にこにこっと笑顔で応える赤ちゃんの姿を微笑ましく思った経験が、きっとあなたにもあるのではないでしょうか。自分の名前を呼ばれるって、うれしくて素敵なことなんですね。

この時、赤ちゃんは無意識のうちに、「ああ、自分の名前は○○なんだ」と認識しているのです。

もちろん、社会デビューするには、やっぱり名前が欠かせません。

たとえば、見ず知らずの人と出会い、親交を深めるための第一歩は、自分の名前を告げ、相手の名前を知ることから、始まりますよね。名前を知ることで、相手を身近に感じることができ、理解も深まっていくのです。

名前とは、それほど、大切でかけがえのないもの。誰しもが自分だけの固有の名前を持ち、共に人生を歩んでいくのですから、名前が何の影響も与えないわけがありません。

なぜなら、名前とはその人の存在そのものだから。その人の人生のカタチ、すなわち運命を決めているといっても、決して過言ではないのです。

「新字体」が教える人生の道しるべとしての姓名判断

従来の「姓名判断」では、現在、私たちが使っている漢字を旧字体に直した画数によって判断されました。

この本では、中国の漢字辞典による旧字体を基にした画数の数え方でなく、日常使っている「新字体」で診断しているのが大きな特徴です。新字体を使うのは、考えてみれば、ごく当たり前のことですよね。なぜなら、私たちは、もはや、旧字体を使って生活しているわけではないからです。旧字体では、今、この世界に生きている私たちの姿や運命が正しく反映されないと考えるべきでしょう。

心理学者の浅野八郎氏も、「毎日使っている字で解釈するのが現代にマッチしているかもしれないね」とおっしゃっています。

日本における姓名判断の歴史は、それほど、古いものではありません。というのも、庶民が名字を名乗るようになって、姓名判断というものが脚光を浴びるようになったからです。

もともと、姓名判断の本場は中国でした。このため、日本でも、古代中国の陰陽五行説という哲学的な思想をベースにして、姓名を5つのブロックに分けて、それぞれ画数の合計によって、運気や性格、人生といったものを占ってきました。

昔の日本は兄弟姉妹が多かったり、地縁が強かったりしたので、旧来の姓名判断が重用されたのだと思います。また、中国の漢字辞典に基づいた旧字体が推奨されたため、例えばサンズイを「水」と解釈して、4画と数えたりしていたのです。

でも、現代はあまりにも事情が違っています。兄弟姉妹も決して多くなく、一人っ子も珍しくないし、旧字体を使うこともまずありません。さらに、一個人として、自分自身がどんなふうに生きていくか、周囲の人とどんなふうに関わっていくか、が最も重要視されています。

数字の持つ魔力

ところで、姓名判断では、なぜ、画数が重要視されてきたのでしょうか。

それは、画数=数字には、不思議なパワーが宿っているからです。

たとえば、あなたにも、きっと好きな数字や気になる数字があると思います。偶然、割り振られたはずの受験番号や受けつけ番号を見て、何となく〝うまくいきそうな気持ち〟になったりした経験が、きっとあるのではないでしょうか。また、ラッキーセブンといった言葉があるように、数字の持つ魔力には、誰もが気づいているわけです。

同様に、1は、〝ナンバーワン〟という最強の数字と認識されているのだし、カップルという言葉から、多くの人が、やはり、2をイメージするでしょう。

さらに、旧字体を使った姓名判断では、なぜか、奇数が基本的に幸運であり、偶数はあまりラッキーとはいえないもの、という認識があったようです。

でも、それは非常におかしな話ですよね。というのも、姓の画数の合計が奇数で、名前の画数の合計も奇数の場合、姓名全体では、結果的に、奇数+奇数=偶数になってしまう、という逆転現象が起こってしまうからです。

本来、それぞれの数字=画数には、それだけに特有の、その数字=画数だけにしか存在しない、神秘的なパワーが宿っているのです。

そして、その数字の魔力、すなわち画数の驚くべき魔力を詳細に解き明かしたのが、この本なのです。

画数が変わる日がくる？

さて、画数があなたの人生にとって、どれほど重要なものか、わかっていただけたでしょうか。

しかも、あなたの画数が変わる日がこないとは、決して言えないでしょう。というのは、現在の憲法ルールでは、結婚後は一方の姓を名乗ることになっていますから、結婚後、名字が変わる人が半数いるわけですね。当然、姓が変わることによって、画数も変わってしまいます。そのため、その人の運勢にも変化が生じるわけで、姓名判断の結果が気にかかるのも納得できる話です。

そこで、この本では、第2章で、姓と名前の合計、総画による「大きな運勢」を、第3章では、名前だけによる「プライベートな運気の流れ」、そして第4章では、「相性」、この3大要素をクローズアップして取り上げて解説しています。

この3大要素さえ、しっかりと把握しておけば、あなたの人生は実り豊かなものとなるでしょう。また、旧来の姓名判断は、吉凶を占うためのものでしたが、この本では、その人の才能や個性、幸せの傾向を探り、よりよい人生を送るための道しるべとして活用できることを目指しています。

さらに、第5章では、「運勢のバイオリズム」を総画で判断して解説していますので、うまく役立てていただければ幸いです。

なお、昨今の名づけの傾向として、まず「音」の響きや美しさ、イメージといったものを選び、そこに文字を当てはめるケースも多いようです。たとえば、「さら」という音を選んだとしましょう。そこに「沙羅」や「紗良」といった文字を当てはめていく、といった方法です。どんな「さら」を選ぶか迷った時には、やはり画数は大きな力であることに、改めて気づかされるはずです。

そして、この本を読み終わる頃には、あなたはきっと、自分の姓や名前を、ますます好きになっていることでしょう。

第2章　総画でみる「性格と運勢」

本書では、あなたがこの世に生まれた時点で授けられたものを、「姓」と「名前」の2つに大別しています。「姓」とは、親や家という運命的な環境を意味します。英語でファミリー・ネームといえば、ピンとくるのではないでしょうか。「名前」は、あなた個人の運命を司るものであり、ファースト・ネームですね。

この「姓」と「名前」の両方が融合して、あなたの人生の運命や方向性が決まっていると考えればいいでしょう。

とはいえ、「姓」に関しては、一生変わらない人もいる半面、自分や親などの環境の変化、結婚によって「姓」が変わる人も少なくないでしょう。新たな姓を得ることで、運命のあり方に変化が起こると考えて差し支えありません。つまり、新たな運勢や運命を手にすることになるわけです。

総画で知るあなたの運命

「総画」とは、「姓（名字）」と「名前」の画数をすべて合計したもので、あなたが本来持っている運命的な気質や性格、運勢の傾向を知ることができます。出し方は、とても簡単！　姓名の画数を、すべて合計していくだけでOKです。

たとえば、「朝川香里」さんの場合、

朝（12画）＋川（3画）＋香（9画）＋里（7画）
＝12＋3＋9＋7＝31　　総画は、「31」。

もし、総画81以上になった場合は、81⇒総画1、82⇒総画2となります。それ以上の総画も順繰りに数えていってください。したがって、91⇒11、101⇒21となります。

１画

自分らしい人生のビジョンを持つ人

1は、意志を意味するナンバーです。

画数1を持つ人は、自分がどんなことをしたいか、どんな人生を送りたいか、といったことに対して、自分なりの強い意志や希望を持っています。子どもの頃は、親に従わず、自分の思いどおりにならないと嫌だと駄々をこねるタイプで、わがままな子と評されることもあるかもしれません。

しかし、大人になるにつれて、周囲の誰よりも自立心にあふれ、自分らしい人生を歩んでいこうとする意志の強さが目立ってくるでしょう。

若いうちは学習能力や経験も少なく、経済的な余裕もない状況で、何とかしたい、夢をかなえたいといった気持ちだけが先走ってしまい、なかなかサクセスを手にするまでには至らないかもしれません。

しかし、本来は文字どおり、「ナンバーワン」の運気を持つ人ですから、数々の苦労をくぐり抜けていくことで鍛えられ、気がつけば、一目置かれる人物になっているはず。

最終的に、組織や社会のトップに立つことも、画数1の人にとって、決して夢ではないのです。

強い運気の持ち主

驚くほど強い運気の持ち主です。何の根拠もないのに、なぜか自信にあふれて堂々としているため、不思議がられるタイプといえます。ただし、運気が強ければ強いほど、風当たりも強くなりそうです。自分から進んで、困難に飛び込んでいってしまう傾向もないとはいえません。

しかし､強運の持ち主であることに変わりはなく、ピンチに陥った次の瞬間、ルールが百八十度変わって自分が優位に立ったり、思いがけない援助者が現れたりするでしょう。

2画 好きか嫌いかが何より大事

2は、感情を意味するナンバーです。画数2を持つ人は、根が素直で正直、どんな時も自分の気持ちや感情をとても大切にします。

自分が〝好きか嫌いか〟が何よりも大事であり、好きなものや人にはとことん熱中しますが、嫌いなことには見向きもしません。たとえば、学生時代、嫌いな教科の授業に関しては、どんなに頑張ってもちっとも頭に入ってこなかった、といった経験はないでしょうか。逆に、好きな科目は、積極的に取り組み、教師に教えられるまでもなく、自分だけでどんどん進めてしまったりしたはずです。

趣味に関しても同様で、いったんのめり込むと、寝食を忘れて打ち込むタイプです。気がついたら、アマチュアの域を超えているとケースも十分にあり得ます。しかも、芸術的なセンスもバツグンで、いくつになっても才能を伸ばすことができてしまうのです。今からでも感受性を磨いていけば、輝かしく素晴らしい未来が待っているかもしれないのです。

快適と思える環境を選んで

快適で楽しいと思える環境を選ぶことができれば、幸せな人生を送ることができます。逆に、嫌いだと感じることやものには、基本的に近づかないことが大事だといえます。

ただし、周囲の人がすべてイエスマンで、あなたの顔色をうかがっているようでは、すぐに運気は低下してしまいます。快適な中にも、あなたにちょっと耳の痛いアドバイスをしてくれる友人やパートナー、あるいは上司や同僚もいるという状況が幸運のポイント。その忠告に素直に耳を傾けることで、アンラッキーやトラブルを未然に防いだり、最小限でやり過ごすこともできるのです。

3画

バランスの取れた人

3は調和をあらわすナンバーです。

画数3を持つ人は、周囲とのバランスを取ることに長けた、明るい気質の持ち主です。相手がどんなタイプであれ、合わせることができ、しかも相手の気持ちやその場のムードを察知することができてしまう、素晴らしい才能を持っています。周囲をなごませる、最高のムードメーカーです。しかも、プラス思考の持ち主なので、トラブルなどものともしません。「ツイてないなあ」と感じても、「でも、明日はきっといい日になるはず」と素直に思えてしまうのです。

楽天的な性格のおかげで、たとえ逆境にあっても落ち込んだり腐ったりせず、目標や希望を持ち続けることができるため、最終的に幸運を手に入れることができるでしょう。

画数3の人がいるだけで、その場が明るくなるので、職場や学校、趣味のサークルや地域の活動といったシーンでも、ぜひ、そこにいてほしい、参加してほしい人材として認識されているはずです。ただし、誰にでもいい顔をしてしまう分、やや八方美人の傾向もあるので、調子のいい人と思われない配慮も必要です。

不運に対して強い力を持つ

ちょっとしたトラブルやアクシデントはへっちゃらな性格で、アンラッキーに対する強い抵抗力があります。もしかしたら、自分は生まれながらに恵まれた強い運勢の持ち主だと感じているかもしれません。運気的にも幸運度は高いほうですが、それはプラス思考によって、自ら幸運を引き寄せている要素も強いわけです。また、格別に可愛がってくれたり引き立ててくれる人がいれば、すぐに人の上に立つことができます。社会人となれば出世コースを邁進する可能性も高いタイプです。

4画

真剣に人生を考え続ける人

4は哲学を意味するナンバーです。

総画4を持つ人は、自分がどんな人間でどんな生き方をすればいいのかを、一生をかけて真剣に考え続けていくタイプです。とはいえ、子ども時代はわりあい、のほほんとして過ごすことが多いでしょう。自我に目覚め、自分の存在理由を深く考えるのは、早くても思春期あたりからです。奥手なタイプなので20歳前後になってから、急に自分の人生について考え始めるケースもありそうです。

このため、急激に性格が変わってしまうように見えることも。あれだけ素直で人懐こくって子どもっぽいくらいの人だったのに、急に気難しくなったり、深刻そうなムードを漂わせてしまうのですから。進学や就職でも、あれこれ悩んだり、目標が定まらないかもしれません。

とはいえ、人生に関して正しい答えはありません。とりあえず決めた目標やコースに向かって頑張れば、未来が開けてくるのを実感できるでしょう。

見極めてから行動する

目の前の小道に小さな箱が置いてあるのを想像してください。あまり確かめもせず、何の気なしに飛び越えてしまう人と、その箱がどんな素材でできているか、踏んでも大丈夫かと、いろいろとチェックしてから飛び越えるなり、踏み越える人がいるとすれば、総画4の人は間違いなく後者です。

そのため、幸運が目の前にあるとしても、パッと飛びつくよりも、しっかり見極めてから手に入れようとします。一見、どんくさく見えるかもしれませんが、簡単に飛び越えられない箱であれば、考えなしの人よりも、戦略を練って飛び越えられるので、最終的には大きな成功や幸運を手にできます。

5画

好奇心が旺盛

5は変化をつかさどるナンバーです。

総画5を持つ人は、一つのものにこだわらず、広い視点で世界を見たいという心理的欲求を持っています。そのため、幼少時代から好奇心旺盛で、つねに「これは何?」「どうしてそうなるの?」といった疑問を口にして、両親や周りの大人を質問攻めにしたりするタイプです。また、興味のほこ先が次々と移り変わるので、落ち着きのない子と評されることもあるかもしれません。

しかし、本人がやってみたいというなら、とりあえずやらせてあげること。驚くべき才能を発揮して、将来大物となる可能性も十分にあります。ただし、子どもの頃は向き不向きの判断がつきにくいのも事実ですから、周囲の大人が本人の才能や方向性を見抜いて、上手に導いてあげることも必要です。

また、大人になってからも、好奇心のままに突っ走ってしまうと、器用貧乏に終わる心配もあります。自分なりに、優先順位をつけて、仕事や趣味に取り組むといいでしょう。

安定した運気をキープしよう

運勢的には幸運度の高いタイプですが、せっかくチャンスを手にしても、長続きしにくい傾向があるようです。仕事にしても、恋愛等の人間関係にしても、飽きないように工夫することができれば、安定した運気をキープでき、精神的にも経済的にもラクな毎日を送ることができるでしょう。

耳の痛いアドバイスをされることがあるかもしれませんが、本当に本人のために言ってくれる相手であれば、大切にしたいもの。長い人生の中で、何度かそんなシーンがあるはずですが、厳しい意見を言われた時ほど、真剣に聞く耳を持ちましょう。

6画

誰からも愛されるキャラクター

6は愛を表すナンバーです。

総画6を持つ人は、快適なライフスタイルを信条としています。両親の愛に育まれ、さらに、祖父母や叔父叔母、兄弟姉妹といった身内も、味方につけることができる、誰からも愛されるキャラクターの持ち主です。多少わがままな一面もありますが、総画6の人がニッコリほほ笑んで「お願い！」といえば、たいてい許されてしまうはずです。

少年少女時代も、周囲の視線を一身に集めてモテモテとなるでしょう。総画6の人には、美男美女が多いとも言われています。

さて、そのまま、素直にすくすくと育っていけば、大人になってからも、「何となく憎めないヤツ」として可愛がられる可能性が高いでしょう。ただし、自分はモテるんだとか、チヤホヤしてもらえるといった、必要以上の自信を持ってしまうと、途端に周囲の反感を買ってしまうので、気をつけましょう。適度な自制心があってこそ、誰からも愛される、穏やかで素敵な人柄の持ち主と評価されるのですから。

強運の持ち主

強運の持ち主で、裕福な家庭に生まれ育つ人も少なくないでしょう。周囲の愛情を一身に受けて育つために、おっとりとした、愛くるしい人柄の持ち主となる可能性も高いはずです。

ただし、そんな幸せいっぱい、愛情いっぱいの総画6の人を面白く思わない相手もいるわけで、当然、妬まれる存在にもなりがちです。そのため、運気に陰りが出てくるケースも。誰もが百パーセント自分を受け入れてくれるわけではないということを自覚して、敵とみなした相手にはできるだけ近づかない、といった工夫が必要です。

7画

幸運な星の下に生まれた人

７は幸福を意味するナンバーです。

総画７を持つ人は、いわゆる幸運な星の下に生まれてきたといえます。両親はこの人の誕生を今か今かと心待ちにしていたはずです。親はもちろん、祖父母にとっても待望の孫誕生だったかもしれません。そして、祝福され、大きな愛に育まれて成長してきたことでしょう。

もちろん、何らかの事情によって、多忙な親を持ち、家族の時間がなかなか持てないケースもあるかもしれません。しかし、それを十分に補うだけの金銭的な余裕や、精神的なフォローを受けられる、幸福に満ちあふれたタイプです。容姿に優れていたり、スポーツの能力が高かったりして、衆目を集めることも少なくないでしょう。

性格的には、ゴーイングマイウェイののんびり屋で、意外なほど自分の評判には無頓着です。周囲からチヤホヤされたりもてはやされても、当人はどこ吹く風と、自分のやりたいことに熱中しているはずです。「不思議ちゃん」と思われることもありますが、それでも面白い個性として受け入れてもらえます。

苦労の少ない運気

何かと幸運に恵まれ、苦労することも少ない生まれです。たとえば、急にシステムが変わって、昨年までなら無理だった学校に進学できたり、たまたま知り合った人から情報を得て、新たな顧客を得たりといった、幸運が転がり込んでくるからです。

ただし、幸運を長続きさせるには、欲張りすぎないことが大事。ツイているからといって、自分は何をしても許されるとか、人を頼ってもよいのだと、勘違いしないこと。無心で無邪気なあなただからこそ、皆から愛され、幸運が舞い込んでくるのです。

8画

前向きにチャレンジしていく人

8は勇気をあらわすナンバーです。

総画8を持つ人は、前向きな考え方の持ち主です。ちょっとやそっとのアクシデントやトラブルなど、モノともせずに、まっすぐに進んでいきます。目の前に壁があるくらいのほうが乗り越える楽しみにつながる、と思えるタイプです。

未知の世界に対しても、果敢に挑戦していきます。新しいこと好きで、面白そうなことには、どんどん首を突っ込んでいくでしょう。周囲にも何かと影響を及ぼし、巻き込んで、新たなことにチャレンジすることも少なくありません。

さらに、正義感が強いという点も特徴です。世の不正に立ち向かい、正したいというメンタリティが、あるのです。そのため、慣習や因習を激しく批判して、革命児となるケースもありますが、過激さが増してしまうと、周囲から疎んじられるケースも。素晴らしいはずの正義感が、相手を追いつめてしまうことにならないように、冷静な判断とバランス感覚を忘れないことも必要です。

プラス思考が強運を呼ぶ

運勢的には、それほど強いわけではありませんが、プラス思考であり、多少の不運など、ものともしないため、外から見ると、何事にもバリバリと立ち向かっていく、強運の持ち主に見えるのです。

また、自分自身、強運だと信じているために、アンラッキーを感じにくい傾向もあるようです。そして、その勇気にあふれた姿は、実に頼もしく映るので、あなたの後塵を拝して頑張ろうという人もあらわれるでしょう。ただし、たまには弱音を吐いても大丈夫。そんな自分をも受け入れ、愛してあげることができるようになれば、幸福度も高まります。

9画

ライバル意識が強い

9は闘争をあらわすナンバーです。

画数9を持つ人は、誰にも負けたくない、状況や現実に負けたくないという、強い意識を持っています。多少のことでは折れたり、挫けたりすることのない、強いメンタリティの持ち主です。学業、仕事、趣味など、どんなシーンでも、「あの人だけには負けたくない！」というライバルを想定して、頑張っていきます。必死に戦えるだけの能力を持つ相手がいないと、むしろつまらなくなって目的意識を失ってしまうことさえ、あるかもしれません。

負けたくない意識が強すぎるため、気の強い人、強情な人というイメージを与えてしまいがちですが、根は単純でピュアなハートの持ち主です。気の許した相手の前では、子どものように笑い、喜び、悲しむといったことも少なくないタイプです。負けず嫌いだけどホントは憎めない、純真な人だと、周囲に理解してもらえれば、居心地のよいポジションを確保することができるでしょう。皆のリーダーとして活躍することもできるはずです。

不運を幸運に変える力

運気的にはそれほど強いとはいえません。むしろ、弱いからこそ、現実や現状に対して果敢に闘争を挑んでいき、人生を切り開いていくタイプだと考えるといいでしょう。不運を幸運に変えるだけの才能や能力、精神力が、生まれながらに備わっている人なのです。ライバルを次々と追い抜き、目標を次々とクリアしていくことに楽しさを感じることができれば、人生を楽しいゲームに変えることもできるはず。

ただし、ゲームはどこまでもゲームでしかありません。決してゲームにならない、人生の機微を味わうことも愉しみに変える勇気を持ちましょう。

10画 自信に満ちた努力の人

10はプライドを意味するナンバーです。

総画10を持つ人は、つねに自信にあふれ、堂々とした人柄の持ち主です。周囲から敬われ、素晴らしい人だと思われたい意識がとても強いので、立派な人間になろうという努力を怠りません。外見にも気を配りおしゃれにも気を使います。多少見栄っ張りの面もありますが、それも、周囲から素敵な人だと思われたいがため。高価な洋服やアクセサリーを身につけたり、優雅なしぐさを心がけているのです。

また、プライドの高さゆえ、陰では驚くほどの努力をしているはずです。「全然勉強してない」と言いながら、実は徹夜で勉強してしまうタイプ。きれいな体型をキープするために、人知れずダイエットに取り組んだり、筋トレに励んだりしているでしょう。

自分の弱点を見せることを極端に嫌いますが、時には気を許すことがあってもOK。むしろ、多少おっちょこちょいだったりする姿に、周囲も親しみを感じてくれます。

アップダウンの運勢

好調運の時期が多いとはいえ、運勢のアップダウンが著しい傾向があります。好調な時は気持ちも高揚して楽しい毎日を過ごせますが、運気がダウン傾向になってくると、クヨクヨと悩んでしまい、さらなる運気の低下を招いてしまいがち。上手な気分転換の方法を身につけることが、幸運をキープするためのポイントです。

たとえば、この服を着ると不思議とツキに恵まれる、アンラッキーな時はお気に入りの入浴剤でのんびりバスタイムを楽しむ、といった自分なりの幸運ジンクスを持つといいでしょう。

11画

やさしく清らかな心を持つ人

11はやさしさをあらわすナンバーです。

画数11を持つ人は、やさしく、清らかな心の持ち主です。相手の言葉を素直に受け止めることができ、つねに感謝の気持ちを忘れないタイプです。自分が一人で生きているわけではないということをちゃんと知っていて、幼い頃から両親や兄弟姉妹の存在を自然に気遣うことができてしまうのです。

母親が家事や子育て、仕事などで疲れた顔をしていれば、「お母さん、大丈夫？」と幼いながらも言葉をかけるでしょう。そんなやさしさは、人以外にも向けられ、犬や猫などのペットを家族同様に可愛がったり、道端に咲く小さな花をしゃがみこんで見つめたりすることもありそうです。生きとし生けるものへの愛情があふれているのです。

また、命を持たないものへの愛情も持ち合わせています。海辺に打ち寄せるガラスのかけらを集めたりするのも好きなはずです。大人になっても、やさしいハートは変わらず、周囲から愛され続けます。困っている人や悩んでいる人を放っておけず、かいがいしく世話をすることも少なくないはずです。

トラブルに弱い

運勢の強さは中程度です。ピュアでやさしいハートの持ち主で、はかなげな印象のため、アンラッキーやトラブルに弱いと思われるかもしれません。しかし、意外と芯の強い一面もあり、逆境に強いのです。したがって、ちょっとやそっとの不運では弱音を吐かず、笑って耐え忍ぶタイプです。

長い冬にも雪解けが訪れるように、運気が好転する日を待つことができるでしょう。さらに持ち前のやさしさから、周囲の好意を得られることもあり、予期せぬ幸運に恵まれる傾向も持ち合わせています。

12画

自ら楽しみを見出す人

12は楽しみをあらわすナンバーです。

画数12を持つ人は、人生を大いに楽しむために生まれてきたと言っても過言ではありません。幼少時から、身の回りにあるものを使っておもちゃ代わりに楽しんでしまうようなところがあるはずです。高価なおもちゃは、この人には特に必要ありません。ちょっとした日用品も、立派なおもちゃになってしまうし、日用品がなければ、自分の指や髪の毛で遊んでしまうようなタイプだからです。

楽しい話や面白い話も大好き。ふざけて笑いを取ったりするのも、相手が楽しそうな顔をするのを見ているだけで自分も楽しくなってしまうからです。

成長するにしたがって、趣味やスポーツといった娯楽や楽しみにのめり込み、プロさながらの才能を発揮するケースもあります。

職場や地域の活動においても、宴会を企画したり、演出したりするのはこの人の大事な役目となるでしょう。この人がいるのといないのとでは、その場の盛り上がりも全く違うはずです。

不運をも楽しんでしまう

運勢的にはそれほど強い運気の持ち主ではないのですが、何事も貪欲に楽しもうという精神が、普通の運気を強運に変えてしまいます。ある意味、不運に遭ってもいても、その不運さえ楽しんでしまおうというくらいの強さを兼ね備えているタイプです。

逆に驚くほどの幸運が続いているとしても、それが自分にとっては当たり前だと感じて普通に楽しんでしまえるはずです。したがって、運気の強弱は、それほど問題にはならないでしょう。運気のよい悪いにかかわらず、人生を謳歌できる素晴らしいタイプだからです。

13画

実行力のある堅実タイプ

13はプランナーをあらわすナンバーです。

画数13を持つ人は、どんな人生を送ればいいのか、どんな生き方が自分にふさわしいのかを、かなり若いうちから考え始めます。人生というと大げさに感じるかもしれませんが、たとえば、今日一日をどう過ごすかのイメージを描いて、しっかりとプランを考えてから行動するわけです。そのプランナーぶりは、よちよち歩きの幼少時から始まっています。

たとえば、今日はこの遊びをすると決めていると、どんなに他の遊びに誘われても、見向きもしなかったりするのです。

大人になるにしたがって、そのプランナーぶりには磨きがかかってきます。進学先、就職先、そして結婚相手に至るまで、自分なりの計画を立て、自分なりの想定をしてから実行に移す傾向が顕著になるのです。

とはいえ、もともと堅実なタイプですから、実行可能なプランを立てることがほとんどです。まずは短期的なプランを立てて行動を始め、努力や経験を積み重ねていきながら、長期的に大きな夢をかなえる……というコースを選択するでしょう。

アップダウンの少ない運気

運気的には中程度の幸運の持ち主で、運気のアップダウンはそれほどありません。本来、地道な努力家であり、大それた夢のようなプランを考えることはしないので、失敗も少なく、順風満帆な人生を送ることができるでしょう。ただし、恋愛や結婚といった相手が現れなければ成立しないような事項に関しては、明確なプランを立てすぎるのは考えもの。

相手に合わせて、いつでもプラン変更ができるくらいの柔軟な姿勢でいるほうが、自分もラクだし、運勢的も幸運に結びつくことになるでしょう。

14画

人生を冒険と考える人

14は冒険を現すナンバーです。

画数14を持つ人は、人生を冒険だと考えています。そして、ワクワクしながら人生という冒険にチャレンジしていきたいタイプです。性格的には、ほんのちょっとしたことにも感動したり、驚いたりといった感激屋の体質を持っています。子どもの頃のごく小さな出来事を鮮明に覚えていたりするのも、この感激屋の体質があるからです。

大人になるにしたがい、冒険心は本格的なものとなってきます。両親から早く独立することを望んだり、ふらりと旅行に出かけることを好んだりする傾向も強くなってくるでしょう。

人との出会いも、この人にとっては楽しい冒険の一つです。いろいろな人に出会いたいという意欲が、異業種交流の場に足を運ばせたり、活発なＳＮＳ活動をさせたりする原動力となるはずです。

強くない運勢に立ち向かう

運気はそれほど強くはありません。むしろ、強くないからこそ、現状に甘んじることをせず、新たな冒険に踏み出していけるのかもしれません。この人が自分はツイているとか、幸運だと思えるのは、予期せぬ出来事や出会いが訪れた時だからです。たとえ、それがあまり幸運な状況だといえないとしても、心の奥底でワクワク感が湧き上がってくるのを否定できないでしょう。

ただし、あふれる冒険心ゆえに、周囲の人を巻き込んだり傷つけたりするのはやめたいもの。もし、パートナーや恋人がいる状況で、新たな世界に踏み出したくなったら、同じ趣味を始める、といった、相手と一緒に楽しめるようものを選択するといいでしょう。

15画

ほほ笑みを絶やさぬ心遣いを持つ人

15は、ほほ笑みを意味するナンバーです。

画数15を持つ人は、いつもほほ笑みを絶やさないタイプです。家族に対してはもちろん、クラスメイトや同僚に対しても、やさしく包みこんでしまいます。不機嫌な顔をすることはめったにありませんから、穏やかで柔和な人と評価されるはず。もちろん、怒ったり不愉快に感じたりすることもあれば、落ち込んだりすることだって、ふつうにあります。

でも、そんな自分の感情をあらわにしないだけの強い意志と心遣いを身につけているのです。

そんな人だからこそ、本当に怒りの感情を爆発させるとしたら、明確で十分な理由があると思って間違いないでしょう。温和な人だからこそ、怒らせると怖い人ともいえるのです。

とはいえ、ふだんのこの人はやさしいほほ笑みで周囲を包みこみ、慈愛あふれる精神で、人のためにいろいろと役立ちたいと考えます。困っている人や悩んでいる人がいれば、つい手を差し伸べられずにはいられない、素晴らしい人柄の持ち主なのです。

ほほ笑みパワーが運気を変える

ほほ笑みこそがアンラッキーやトラブルを寄せつけない原動力となっています。本当はそれほど強運なタイプとはいえないのですが、ほほ笑みのパワーがこの人自身はもちろん、周囲にいる人たちを守ってくれるのです。中には、お気楽なタイプだと勘違いする輩もいるかもしれませんが、相手にしないこと。ほほ笑みパワーの威力は、いずれ、そんな輩にもちゃんと伝わるからです。

ただし、ほほ笑んでばかりいられないシーンも時にはあるはずです。そんな時は、怒ったり悲しんだりすることを恐れてはいけません。

16画 ミステリアスの人と評される

16はミステリアスなものを意味するナンバーです。

画数16を持つ人は、他の人とは一味違うムードを漂わせています。自分はちょっと違うのかも……とふと気づいたりすることもあるでしょう。子ども時代は、自分がどう他の人と違うのかをうまく言葉にできないはずです。しかし、どうも周囲とは同じではないようだと薄々感じてしまうのです。

自分はどこから来て、どこに向かっていくのだろう？　という疑問が、この人の心の奥底には常にあります。ふつうは、そんな考えが湧きあがっても、一瞬のこと。なぜなら、考えないほうが、生きやすいからです。また、具体的な目標や目的を定めて、それに向かっていくほうが合理的だからです。

でも、この人に限っては、自分は何者なんだろうという疑問を、大人になってからもずっと抱えて生きていきます。そこが、この人をミステリアスな人にさせている最大の理由だといえるでしょう。

ミステリアスを意識しないで

周囲からミステリアスな人と評されることに快感を覚えるかもしれませんが、意識的にさらにミステリアスな人物を目指そうとするのはおすすめできません。なぜなら、意識してミステリアスさを醸し出そうとした段階で、単なる変人、単なる目立ちたがり屋になり下がってしまうからです。むしろ、自分の感じていること、自分が考えていることに素直にしたがうのがベター。

そうすれば、運気的にも上昇気流に乗ることができます。また、年齢に縛られない生き方をすることも大事。そうすれば、いくつになっても、新たな才能が見つかり、人生を謳歌できます。

17画

探究心が強い人

17は探究心をあらわすナンバーです。

画数17を持つ人は、とても勤勉で研究熱心なタイプです。幼い頃から、いろいろなことに興味を持ち、さまざまな趣味や習い事に、チャレンジをしたがります。

ただし、外に向かっていた好奇心や興味が、ある時期から自分の内面に向かう時期もありそうです。本人は、自分の人生を真剣に考えているのですが、周囲からは、急に内に閉じこもってしまったように見えるかもしれません。たとえば、あれだけ熱心に部活に取り組んでいたのに、急にやる気がなくなって辞めてしまったりすることも。

それは、新たな人生を切り開いていくためのステップです。ほどなく、この人らしくバイタリティあふれる活動を始めるはずです。そして、自らに課題を与えて、それをクリアしようと努力を始めるでしょう。その後の活躍は眼をみはるばかりで、人生の成功者になる可能性も高いのです。さらには、一分野でのサクセスでは飽き足らず、新たな世界に飛び込み、再び探究者となるケースもありそうです。

強運でなくても切り開いていける

自分の手で人生を切り開いていこうという、強い意志の持ち主です。運気的には、それほど強運というわけではないのですが、あくなき探究心のために、平凡な運勢では決して満足することができません。

多少の困難が待ち構えているくらいのほうが、やりがいを感じるタイプ。ただし、あれこれと分析したり、じーっと考え込んでいる時間が長くなると、何かと周囲が心配してしまうケースもないとはいえません。信頼できる人には、そのつど、自分の考えや気持ちを打ち明けて理解してもらうことも大切です。

18画

冷静沈着で動じない人

18はクールさをあらわすナンバーです。

画数18を持つ人は、物事を冷静に判断することができるタイプです。どんなことが起ころうとも、つねにクールに対処できる能力を兼ね備えています。

その資質は幼い頃から顕著で、ちょっとしたアクシデントで他の子どもたちが泣きわめいている状態でも、一人だけ冷静に周囲を見回し、何が起こっているのか見極めようとするでしょう。泰然自若としたその態度から、「将来は大物になりそうだね」といった評価を受けることも少なくないでしょう。

年齢を重ねるにしたがって、自分にとってプラスになることとそうではないことをしっかりと把握して、プラスになることは積極的に取り入れたり、チャレンジするかわり、プラスにならないことには見向きもしなくなっていきます。とはいえ、クールを通り越してドライな人だと思われてしまうのは、あまり得策とはいえません。せっかくの冷静さ、クールさを生かしながらも、周囲の人との交流を積極的に心がけるといいでしょう。

不運のリスクをさける冷静な判断

運気的には中程度の運勢の持ち主ですが、冷静な分析や判断が得意なので、アンラッキーのリスクを取ってしまうことは少ないでしょう。ただし、せっかくの幸運を手にしても、冷静に判断し行動したからだ、とクールにふるまいがちな点はマイナス。素直に喜びをあらわし、楽しそうな笑顔をふりまくほうが、本人も周囲も幸せな気分になれます。

そして、その幸せ気分が、次の幸運を呼び込んでくる、幸せの好循環を呼び寄せてくれるのです。冷静なタイプだからこそ、感情豊かな人柄を目指すことで魅力も増し、人間力もアップするのです。

19画 夢多き人。アーチストとして活躍も

19はロマンティストを意味するナンバーです。

画数19を持つ人は、夢多き人。幼い頃は、「いつか絶対、世界一になりたい！」などと目を輝かせて夢を語ったりするでしょう。両親もそんな本人の希望に応えてあげたいと思い、チャンスを与えたり、いろいろな習い事をさせたりしてあげるはずです。

そのロマンティストぶりが芸術的な方面に発揮される可能性も十分にあり、親の期待以上に、将来アーティストとして活躍するケースもないとはいえません。ただし、本人は基本的に「夢みる人」なので、のめり込んでも一時的だったり、将来性がないケースもあり得ます。そんな時は、上手に方向転換させてあげる存在が必要。よきアドバイスや叱咤激励を受けることができれば、ロマンティストの本領を存分に発揮して、素晴らしい人生を送ることができます。

また、そのロマンティストぶりは、中高年になってから開花する可能性も十分にあります。夢を見続け努力を続けた結果、老境になってから夢がかなうケースもあるでしょう。

生まれながらの強い運気を持つ

ロマンティストであるということは、人生に対してつねに希望を抱くことができるということと同義です。つまり、この人は生まれながらに強い運気を持っていて、たとえ一時的に失意に陥ったとしても、すぐに復活して明日に向かっていくことができるタイプ。一見気が弱くてすぐにへこたれてしまうように見えますが、実は強靭なハートの持ち主なのです。

また、人間関係や恋愛では多くの出会いや別れを経験しますが、それさえもよい思い出や生きるパワーにすることができるでしょう。

20画

気配りの人

20は親切心をあらわすナンバーです。

画数20を持つ人は、つねに周囲への気配りを欠かしません。自分が楽しいかどうか、快適かどうかよりも、相手が楽しく思っているかどうかを大事に考えるタイプです。生まれながらに親切心を持った、やさしいハートの持ち主といえるでしょう。

そんな人ですから、困っている人がいると、絶対に放っておけません。たとえば、遠足や出張などで、クラスメイトや同僚がお弁当を忘れてきた場合、気前よく、自分のお弁当をあげてしまうようなタイプ。「いいよ。全部食べちゃって。おなか空いてないから」と、すべて差し出してしまうでしょう。さらには、自分にとって大切な人が相手であれば、いかなる犠牲もいとわない、素晴らしい精神の持ち主です。

とはいえ、あまりに親切心がすぎると、相手によってはお節介だと感じるかも。半分くらいの親切心を発揮すれば、それでも十分です。残りは自分自身を気遣ってあげるといいでしょう。

強運パワーの持ち主

人一倍親切で、相手のことを考えてあげられるというのは、それだけ強い運勢の持ち主だからです。自分一人の面倒を見るのがやっとで、ヒイヒイ悲鳴をあげている人がほとんどなのに、他人のことまで目が届くのはそれだけパワーが強いという証拠です。とはいえ、過剰なパワーはかえって運気ダウンを招きかねません。

他の人へのお世話は半分にして、残りのエネルギーを、仕事や趣味に注いでみましょう。目標や夢を掲げて、そこに向かって努力するのもおすすめ。パワーを集中させることで、新たな幸運を手にすることができるはずです。

21画

社交的でまとめ役の存在

21は社交性をあらわすナンバーです。

画数21を持つ人は、とても社交的な人柄の持ち主です。相手がどんなタイプでも、自然に言葉をかわすことができ、どんよりしたムードも、この人が加わった途端になごやかなムードに変わってしまいます。ごく平凡な話題でも、この人が話すとまるで別の話のようになり、皆が大笑いしたり、大盛り上がりすることもありそうです。子どもの頃から、この社交性は大いに発揮され、人気者となるはずです。

また、この人が加わることで、バラバラだった人たちがいつの間にか一つにまとまるチームリーダーの面も。ただし、自分から皆をグイグイ引っ張っていくリーダーとは違って、まとめ役的な存在です。

さらに、あふれる社交性は、友人の種類やタイプを選ばないため、この人の周りにさまざまな個性を持った人が集まります。国籍を問わず、老若男女いろいろな年代の人と友だちになってしまうのです。気がつけば世界中に友だちがいる、そんなフレンドリーでグローバルなタイプといえるでしょう。

周りから幸運のおすそ分け

運気的にはそれほど強いわけではないのですが、人柄のよさやフレンドリーさゆえに、周囲の人から幸運をおすそ分けしてもらえるタイプです。おすそ分けしてもらうといっても、相手の幸運を奪っているわけでは決してありません。むしろ、自然とよい気を受け取ることで、この人自身がその気をさらに育てあげて、パワーアップした気を相手に返してあげてしまう、といった図式となります。

そこに幸運の循環が生まれているのです。それゆえに、周囲からはいつも幸せそうなラッキー人間と見られているはずです。

22画

論理的思考の人

22は論理性をあらわすナンバーです。

画数22をもつ人は、つねに論理的な思考を得意とします。幼い頃から、物事をきちんと捉えて分析してみせたり、論理的な考え方をしようと努力するでしょう。理不尽な大人の意見に、「それって、おかしいと思う」と決然として反対するような、そんなタイプです。周囲から理屈っぽい子だと思われ、面倒がられたり、煙たがられることもあるかもしれません。

とはいえ、論理的なことが大好きですから、勉強はかなり得意なはずです。もの覚えがよく、自然と自分自身で考える癖をつけてしまうでしょう。

ただし、論理的すぎて、感情の豊かさまで抑えつけてしまうのはマイナス。あふれんばかりの感情や鋭い感性を磨いてこそ、生まれながらの論理性も生きてきます。そのためには、子どもの頃から意識して、文学や音楽、絵画といったアーティスティックな方面に触れるといいでしょう。また、スポーツを楽しんだり、体を動かすことで、新たな才能を目覚めさせることもできます。

論理で押し通すと運気がダウン

論理的でない人には、つい相手を論破したくなるのは、悪い癖。人間関係にもマイナスに働き、運気を下げる原因になります。論理的に考えることが必要な場面と、感情や感覚を優先したほうがいい場面との使い分けができれば、安定した運気をキープできます。

仕事でも勉強でも効率化をはかるには、論理性は素晴らしいアイディアをもたらしてくれるはず。お小遣いや財産の管理といった金銭面でも、論理性は効果を発揮するでしょう。なお、誰かに助言する場合、ストレートな言い方はしないことが大切です。

23画

ポジティブ思考の人

23はポジティブを意味するナンバーです。

画数23を持つ人は、何事に対してもとてもポジティブです。つねに前向きな気持ちを失わず、困難が待ち構えていても、怖気づくこともありません。多少のアンラッキーやトラブルに遭遇しても、「苦難のない人生なんて、逆に面白くも何ともない。山あり谷ありのほうがスリリングで楽しい」と、まさにポジティヴな思考でクリアしていくでしょう。

また賢明さも持ち合わせているので、子ども時代から、失敗してもそこからちゃんと学習して、次は同じ失敗を繰り返さないようにできてしまうのです。周囲からは、「将来、大物になるかも！」と過剰な期待を寄せられることも少なくありません。

ただし、人の上に立って君臨したいといった偉い人願望はないようです。むしろ、自分の人生の危機やアップダウンをいろいろと工夫しながら乗り越えていくこと自体が楽しいタイプです。自分からすんで現在のポジションやプライドを捨てて、新たなる世界に飛び込んで行くこともありそうです。

アンラッキーを楽しんでしまう

ポジティヴな気性を持っているだけでも、十分に強運なタイプといえるでしょう。しかも、トラブルやアンラッキーを楽しんでしまえるほどのお気楽な感覚は、スーパーマン並み。周囲からは変わった人とか不思議ちゃんと思われることもありますが、本人はあまり気にしないはずです。

とはいえ、味方や応援団がいるのといないのとでは、人生の面白みがまったく違ってきます。心から何でも話せて打ち明けられる人を一人でも見つけることで、この人の一生はさらなる輝きを持つことができるでしょう。

24画

誰に対しても友好的

24はフレンドリーを意味するナンバー。

画数24を持つ人は、人は皆、基本的にいい人だという、性善説の持ち主です。このため、誰に対しても友好的な態度で接することができるのです。

生まれた環境自体、この人にとって快いものだったはずです。家族の愛に育まれ、幸せな子ども時代を送ることができるでしょう。祖父母や叔父叔母といった親族はもちろん、近所の人や先生といった年長者にも可愛がってもらえ、疑うことを知らない、やさしくて気さくな人柄の持ち主となるのです。

フレンドリーさは、やがて、この人に新たな魅力を授けてくれます。それは、誰もが気軽に声をかけたくなるような、親しみあふれる雰囲気です。子ども時代に愛情をいっぱい受けた分、やがて、その愛情を周囲へと降り注ぐことができるようになり、そのおかげで「話しやすい人」というムードが身に備わるのです。また、人間関係がうまく回っていくことで、うれしい出会いが訪れたり、よい就職先を紹介してもらえるといった実益にも恵まれるでしょう。

幸運の星の下に生まれた人

幸運の星の下に生まれた、強運の持ち主といえるでしょう。ただし、世の中にはいろいろな個性を持ち、さまざまなタイプの人が存在しています。故意に人をだます人もいれば、気づかないうちに誰かを傷つけてしまったりすることもあるでしょう。

人間関係とは、そんなリスクを考慮しながら地道に築いていくもの。自分にとってマイナスにしかならない相手には、無理にフレンドリー精神を貫く必要はなく、適度に距離を置くべきだということを忘れないでください。

25画

アクティブ派の代表格

25はフットワークを意味するナンバー。画数25を持つ人は、軽やかなフットワークの持ち主で、行動力にあふれています。幼い頃から元気に動き回るのが大好きで、活発な子どもだったのではないでしょうか。

行動力や実行力にあふれているのですが、何が何でも押しまくって進んでいくというよりは、その場の状況に合わせてうまく立ち回ることができるタイプです。押してもダメなら、とりあえず引いてみる。それでもうまくいかなかったら、時期を変えて再チャレンジしてみたり、目標自体を変えたりと、変幻自在な行動力の持ち主なのです。したがって、周囲からは大したトラブルもアクシデントもなく、ヒョイヒョイと人生を乗り越えていくように見えるはずです。

フットワークのよさは、特に仕事や趣味の分野で大きな効果を発揮し、活躍へとつながっていきます。どんなに多忙な日々の中でもそれほどストレスを溜めることなく、仕事や勉強をこなしていけるからです。また、そのフットワークの軽さから、広い人間関係を築いていけるでしょう。

不運はすぐ脱出できそう

運勢的にはそれほど強いわけではないのですが、執着心が少ないために、アンラッキーやトラブルの罠に落ちても、すぐに脱出できてしまうでしょう。また、機転がきくので、とっさの判断で危機から自分を救うテクニックも無意識のうちに持ち合わせています。

とはいえ、時にはこだわったり、頑張り続けたりすることが必要となる場合もあります。特に、恋愛や結婚では、持ち前のフットワークの軽さが愛情の薄さにつながって見えやすいので、大事な相手には真摯な態度をアピールすることも忘れないで。

26画

楽観主義が功を奏する

26は楽観主義をあらわすナンバーです。

画数26を持つ人は、物事のプラスの面をフォーカスして見る傾向を強く持っています。たとえば、成功率が五分五分だとしても、きっと成功するに違いないと妙な自信を持っています。成功率は90パーセントだと考えるタイプで、究極のプラス思考、実に楽観的な考え方をする人なのです。

子どもの頃から、細かなことにはこだわらず、とりあえず、うまくいっていればＯＫだと考えます。自分にとって楽しいとか、うれしいと感じられるならば、それで十分に満足できてしまうでしょう。

おじ気づくこともなく、リスクへの不安も少ないので、チャレンジャーとして実に優秀な結果を残すことができます。仕事や勉強、趣味等で結果を残さなければいけないシーンほど、この楽観主義がプラスに働いてくれるでしょう。また、とりあえず相手を信用してみるところから、人間関係が始まるので、信頼関係を築くための時間も少なくてすむはずです。

弱運を強運に変えるパワー

楽観主義であるということは、「運命の神様がいるとすれば、きっと自分の味方になってくれるはずだ」と信じているということ。つまり自分は強運だと信じているタイプであり、たとえそれほど運気が強くないとしても、全く気にならないでしょう。

そして、たまたま訪れた幸運にも、思いきり喜ぶことができ、「やっぱり運命の神様は自分の味方だった！」と確信し、その意味では、弱運も強運に変えられるパワーを持つ人といえます。ただし、リスクへの備えや細心の気配りがないわけですから、時にはうまくいかないことも。その辺りの心遣いや計画性を身につければ、鬼に金棒です。

27画

人生を貪欲に楽しむ人

27は享楽主義をあらわすナンバーです。

画数27を持つ人は、人生を思う存分楽しみたいという、強い欲求を持っています。いろいろな経験をしてみたい！　やりたいことにどんどんチャレンジしたい！　思いきり人生を謳歌したい！　と思っているのです。子どもの頃から、好奇心が旺盛で、楽しそうなことがあるとすぐに首を突っ込みたがったり、おしゃれをするのが好きだったり、遊びに夢中になったりと、意欲的に行動するはずです。

面白いことを見つける嗅覚は、まさにこの人ならでは。流行の先端をひた走り、周囲にもブームが広がるといったケースも少なくないでしょう。

社交性にも富んでいて、いろいろなタイプの友人を持ち、広い交友関係を楽しみます。宴会部長として活躍するのも大好き。いつも多くの人に囲まれて、楽しくわいわいと過ごすのが、この人の人生そのものなのです。また、知らない土地や国を旅することも、最高の楽しみといえるでしょう。

求めた幸運をつかめる人

貪欲に人生を楽しもうという姿勢は、まさに立派のひとことに尽きます。周囲から与えられた楽しみや幸せには所詮、限りがあるからです。また、待っているだけでは簡単に幸運はやってこない、というのも現実の側面といえるでしょう。したがって、この人のように、自分から楽しみを探していかない限り、思う存分、人生を享受することはできないのです。

ただし、時間を浪費するばかりで、心の糧にならない楽しみは、ほどほどに。心の栄養になるような楽しみをメインにするように心がければ、充実した人生を送ることができ、満足度も幸運度も格段に上がっていくはずです。

28画

天才的なアイディアマン

28はアイディア人間を意味するナンバー。柔軟な発想力を持ち合わせています。

画数28を持つ人は、幼い頃から、自分で勝手にゲームを作って夢中で遊んだりするタイプです。あれこれ空想してみるのも大好きでしょう。手先が器用で、ソーイングや図画工作といったアーティスティックな方面で才能を発揮します。書道や絵画の世界で天才的な才能を見せ、周囲をあっと言わせたりすることもあるかもしれません。

しかし、それ以上に才能を発揮するのが、創意工夫の面です。使い勝手がイマイチよくないものにちょっと手を加えただけで、驚くほど使いやすくなるといったことが、簡単にできてしまうのです。社会人になってからも、斬新な発想力や企画力を発揮して、会社に大きな利益をもたらすことができるでしょう。フリーになって活躍することも十分にできます。さらに、刻々と変化していく世界にも、柔軟に対応でき、時代の先端をひた走る、トップランナーとして君臨し続けることができるタイプです。

環境を変えてスランプ脱出

アイディアが湧いてくればくるほど、運気も上昇していくタイプです。したがって、思考力が身につき、経験値も増えてくるにつれ、発想力も豊かになって、さらに運気も上昇していくでしょう。大人になるにしたがって、運気もアップしていくわけです。

とはいえ、アイディアが湧いてこないとか、発想力に陰りが見えてきた、といったスランプの時期が訪れることもあるでしょう。そんな時は、新たな人間関係に飛び込んでみたり、未知の土地を旅してみたりと、環境を変えてみるのもおすすめ。新たな刺激が再び発想力を活発化させてくれるはずです。

29画

人の心の痛みが分かる人

29は同情心を意味するナンバーです。

画数29を持つ人は、人の心の痛みがわかる、素晴らしい資質の持ち主です。幼い頃から、母親や父親に自然といたわりの言葉をかけたり、やさしさを発揮して、皆をなごませてあげるでしょう。しかも、相手の身になって物事を考えたり感じたりすることができるという、最高の才能をこの人は持っています。人の心の機微にとても敏感なタイプなのです。

同情心にもあふれ、困っている人や悩んでいる人を見かけると、放っておけません。そんな資質を生かして、福祉や医療の仕事に進めば、大きな成功を収めることができます。教育関係も、ふさわしい仕事であり、やりがいを感じることができる分野です。

とはいえ、同情心にあふれ、人の心の痛みに敏感だということは、自分自身も傷ついたりストレスを感じやすいということ。また、この人のやさしさを利用しようとする輩もいないとはいえません。相手の真意を見抜く力を身につけることで、自分を守ることも、必要です。

周りに人が集まってくる

同情心ややさしさを慕って、この人の周りには人が集まってきます。一緒にいるだけで心がなごむと、と感じる人も少なくないでしょう。そういう人達にとって、この人は女神のような存在といえます。

自己主張も控え目で、誰に対しても慈愛にあふれた態度で接するので、気弱な人に見えるかもしれません。しかし、柳の木が簡単に折れないように、実は強い運気の持ち主。ただし、ストレスをためないためには、趣味の時間を持つとか、お気に入りのカフェでお茶を飲むといった、自分を解放する時間も大切にしたいものです。

30画

集中力バツグンの人

30は集中力を意味するナンバーです。

画数30を持つ人は、素晴らしい集中力の持ち主です。仕事でも学業でも、あっという間にその世界に没頭することができてしまいます。その集中力のすごさはまさに驚異的。自分が夢中になれる趣味や勉強が見つかれば、素晴らしい結果を上げることも少なくありません。頭の回転も早く、身体的な能力も高いので、集中力がものをいう競技やスポーツで頭角をあらわすケースもあり得るでしょう。

逆に、広く浅くというのは、この人にとってはあまり楽しくは感じられないはずです。このため、得意分野とそうでない分野との差が激しかったりするかもしれません。学生時代は、教科ごとの成績に差がありすぎ、進路で悩んだりする可能性もありそう。しかし、本来の集中力を生かせば、新たな道が開けていくはずです。また、集中して打ち込むことで、短期間のうちに成績を上げたり、業績を残すことも十分に可能です。自分の資質や才能を上手に生かすことが、サクセスの扉を開くカギといえます。

集中力で運気ダウンを解消

この人のような驚異的な集中力というのは、努力したからといって簡単に身につくものではありません。そんな素晴らしい才能を持っているのですから、その才能を使うようにするといいでしょう。

だらだらと仕事や勉強に取り組むよりは、短時間に集中的に頑張るのがおすすめです。運気的にはアップダウンの激しいほうですが、運気ダウンの時期には好きな趣味に集中して打ち込むといった、上手なストレス解消法を工夫したいものです。好きなことを仕事にする能力も高いので、若いうちから、打ち込める世界や楽しみを探すのもおすすめです。

31画

未来志向の才能の持ち主

31は未来志向をあらわすナンバーです。

画数31を持つ人は、いつも前を向いて生きています。たとえ、現実が思い通りにいかないものだったり、不遇な境遇に泣いているような状況だとしても、明日はきっとよくなる、未来はきっと開けているはず、と信じることができるのです。「未来志向」というのは、この人だけに与えられた才能であり、特権なのです。

また、その未来志向は、自分のプラス面をよりクローズアップさせ、目を向けようとする意識につながります。たとえば現実は厳しいものでも、プラス面に意識が向かう分、ほぼバラ色のレベルで捉えることができてしまうのです。そのおかげで、普通なら諦めたりひるんだりしてしまうのに、当たって砕けろの精神で頑張り、サクセスを手にできるのです。

また、未来志向は職場での人間関係に関しても、プラスに働くことが多いでしょう。相手の欠点には目をつぶりよいところを評価しようという気持ちが強いので、融通がききオープンな人間関係を築けるからです。後輩や部下を育てるのも上手なタイプです。

平凡な毎日を嫌う

運気的には中程度の強さの持ち主であり、すこぶる幸運の下に生まれているというわけではないのですが、なぜか、周囲からは幸運な人と思われることが多いでしょう。それは、夢見る力を持っているせい。幸せな未来がかならず訪れると信じて、将来を語るこの人の姿は、自然と周囲を力づけてくれます。

うれしいことがあると、子どものように楽しげな顔をしてしゃべりまくる、ピュアな一面も魅力。ただし、現実を冷静に見つめる意識も大切。闇雲に突き進むのではなく、しっかりと方向を定めて努力を重ねていくことで、幸せな未来が待っています。

32画 新しもの好き。流行に敏感

32は新しもの好きを意味するナンバーです。

画数32を持つ人は、新しいものや知らないものに遭遇すると、ワクワクしてしまうタイプです。刺激のない、平凡な毎日は嫌いで、何か面白いことはないかと、いつも思っています。授業中はおとなしいのに、放課後になったとたん、イキイキと目が輝く、そんな子どもだったはずです。遊ぶことにかけては、天才的な才能を持ち、面白いゲームを自分で作り出すこともあったのではありませんか。

その傾向は大人になっても変わらず、仕事中は静かで存在感ゼロなのに、アフターファイブになると急激にはじける、といったタイプ。流行に敏感で、話題のスポットがあれば、誰よりも早く足を運び、はやりのグッズはすぐに手に入れないと気がすみません。おしゃれにも気を使い、いつも斬新なファッションに身を包んでいます。ファッションリーダーとして、周囲から一目置かれているかもしれません。ただ、飽きっぽい面もあって、物事を成就させる前に投げ出してしまうのは悪い癖といえそう。

強いパワーの持ち主

新しいものを追いかけるのは、実はものすごくパワーが必要です。そして、そのパワーを生まれつき持っているという点からすれば、かなり強い運気の持ち主といえるでしょう。とはいえ、新しもの好きの面ばかりアピールしてしまうのは考えもの。

周囲から、流行発信者の役目を期待されたとしても、それに応えようと必死になって、自分自身が疲れてしまいかねないからです。自分のアンテナが心の底からピピピッと反応した時だけ、行動したり発信してみることをおすすめします。

33画

根っからの平和主義者

33はバランスを意味するナンバーです。

画数33を持つ人は、つねに他者が見えています。そして、周囲とのバランスを考えながら、自分が無理なく存在できる、そんな立ち位置を見つける才能に恵まれています。たとえば、幼い頃から両親のケンカの仲裁を知らず知らずのうちに買って出てしまった経験はありませんか。父親と母親の顔色をうかがいながら、不穏な空気が漂うと、「ねえねえ！今日、こんなことがあったの」と、楽しい話題を提供して、場を和ませたことがあるのではないでしょうか。

この気遣いは、友人や先生、職場の人に対しても、大いに発揮されます。いるといないとでは、学校や会社の雰囲気が違う、と評判を取っているはずです。いわば、根っからの平和主義者なのです。

さらに、このバランス感覚は、生きていく上でも大いにプラスに働くでしょう。教科の得意、不得意の差がほとんどなく、受験や就活も苦労なく乗り越えることができます。大人になってからもビジネスとプライベートのバランスを取るのがうまく、良好な人間関係が築けるタイプです。

バランス感覚が強い運気を生む

バランス感覚のよさは、強い運気をこの人に与えています。状況を察知する能力、相手の気持ちを推し量る能力に優れているため、ピンチに陥ることもほとんどなく、無難な一生が約束されています。

ただし、要領のいい人と思われて、妬みを買う可能性がないとはいえません。悪意を持って接してきたり、足を引っ張ろうとする相手に対しては、平和主義もほどほどにしたほうがよさそう。ハッキリと拒絶する意識も必要です。すべての人とうまくやっていけるという幻想は捨てるべきでしょう。

34画

無類の趣味人

34は趣味を意味するナンバーです。

画数34を持つ人は、無類の趣味人です。面白そうなことがあると、どんどん興味を持って突き進み、のめり込んでいきます。深く入り込んで味わうのが楽しくてしょうがないというタイプ。音楽や文学、絵画といったアーティスティックな分野で才能を発揮する可能性も高いでしょう。習い事が大好きで、今日はスイミング、明日は英会話……といった調子で、毎日スケジュールがいっぱい。

大人になるにしたがい、その趣味人ぶりにはますます拍車がかかります。普通の趣味では飽き足らなくなって、珍しいスポーツやレアなゲームに熱中したりするケースも十分にありそう。もちろん同じ趣味を持つ人に出会えば、一晩語り明かすのもへっちゃらです。同好の士同士の独特の会話や盛り上がり方に、周囲はちょっと引いてしまうかもしれませんが。それほどの趣味人ぶりを生かして、人間関係を広げて仕事に役立てたり、趣味をサイドビジネスにして、一もうけできる可能性も十分にあります。

趣味が幸運をキャッチする

趣味人であることは、人生に彩りを与えてくれます。運気的には強いわけではありませんが、趣味を楽しむことで仕事や人間関係のストレスを解消することができ、人づき合いも生まれるため、何かと幸運をキャッチしやすくなるはずです。

通常の社会人としての生活の他に、趣味人としての生活を持ち、いわば二つの人生を生きていると感じるかもしれません。ただし、趣味自体が周囲に理解されにくいものであったり、ギャンブルといった、趣味というより悪癖にのめり込んでしまった場合は、トラブルを招いてしまうこともありそう。

35画

驚異的な根性を持つ人

35は根性を意味するナンバーです。

画数35を持つ人は、おだやかでのんびりやの印象を与えるタイプが多いようです。物事にこだわらず、他人に対しても鷹揚に構えているはずです。しかし、本当にやりたいことや、絶対にやり遂げなければいけないことに直面すると、それまでのおっとり人間からガラリと変身します。

努力するといった程度の行動は、この人にとっては、大してストレスにはなりません。歯を食いしばり、他の娯楽をことごとく絶って、やりたいこと、やるべきことにひたすら向かっていく、そんな日々の連続にこそ、最高の楽しみを見出します。頑張れば頑張るほど、やる気が湧いてくるのです。

さらには、陰で着実に努力を重ねていくといったケースもあります。最後まで諦めない力が、この人には隠されているのです。ウサギとカメの話のたとえどおり、一見、愚鈍に見えても、最終的に勝者となるタイプといえるでしょう。

自覚のない強運の持ち主

実は強運の持ち主ですが、自分が強い運気を持っているという自覚はないかもしれません。なぜなら、チャンスを虎視眈々と狙うというような目敏さはないため、目の前にチャンスが訪れていても気づかず、他人においしいところをさらわれたりしがちだから。しかし、何度かの失敗体験を通じて、学習することができるのがこの人です。

今度こそチャンスはモノにしようと意識してからは、まさに独壇場となります。諦めず、根性を持って、やりたかったことを実現することができます。自分は奥手なのだから焦る必要はないと、ゆったり構えることで、さらなる幸運のカギとなります。

36画

生まれながらの人気者

36は人気者を意味するナンバーです。

画数36を持つ人は、生まれながらに皆から注目され、愛される素質を持っています。この世にオギャーと生まれ落ちた時、すでに熱烈なラブコールを受けていたのではないでしょうか。幼い頃は目立たない存在だったとしても、思春期を迎える頃から俄然、周囲の注目を浴びるようになった人もいるでしょう。

あるいは、スポーツを始めたり、成績がアップしたり、面白く感じる趣味や習い事が見つかったのがきっかけで、イキイキとした毎日を送ることができるようになり、明るくさわやかなキャラクターに変身するケースも。さらには、仕事や恋愛でつまずいたり、失敗したりして自分を見つめ直し、自分自身を変えようとする気持ちが高まって、結果的にこの人を魅力的な人間に変えることもあるはずです。しかも、人気者であることにあぐらをかいて調子に乗ったりしないのが、この人のいいところ。誠実で正直な人柄は、いくつになっても多くの人を惹き続けるでしょう。

気遣いが強運をキープする

かなりの強運を持ち合わせた人です。若い頃は対人関係がギクシャクするかもしれませんが、年齢を経るにしたがって、人間が丸くなっていき、その結果、周囲の人をなごませたり、幸せな気分にさせてあげられる、そんな魅力的な人に成長していけるからです。転居や転職などの物理的な理由のため、環境が変わって、新たな人間関係を築かなければいけない状況を経験するかもしれませんが、寂しい思いをするのはほんの一時のことでしょう。

なお、皆の中心に座っても、皆の陰に隠れた控え目な存在に目を向ける気持ちを忘れないこと。思いやりや気遣いが強運をキープさせるポイントです。

37画

日常を非日常に変える魔法使い

37は発見をあらわすナンバーです。

　画数37を持つ人は、常に、新しい発見をしながら生活を送ることのできるタイプです。たとえば、朝、昇り始めた太陽の美しさにあらためて感じ入ったり、職場や学校で出会った同僚や仲間との会話の中に、ちょっとしたヒントを見つけたりします。そんな小さな発見を、日々の生活の中に見つけることができるのです。そのため、ごくありきたりの毎日が、新鮮で感動的なものとしてとらえられるでしょう。

　さらに、ちょっとした楽しみを見つけるのも上手です。たとえば、つまらないはずの勉強であっても、いろいろなカラーペンでノートを仕上げているうちに、何となく興に乗って楽しくなってきたりすることがあるのではないでしょうか。自分の手でヘアスタイルに一工夫を加えただけで、新たな魅力が出てきて、周囲からほめられる、なんてケースも。ささやかな日常をほんのちょっとの工夫で変えてしまう、そんな魔法使いがこの画数の人なのです。

柔軟な思考が運気を上げる

　運気的には、それほど強い運気の持ち主とはいえないでしょう。柔軟な思考とアイディア豊富なところが、運気を引き上げてくれているため、周囲からはかなりの強運の持ち主と見られるはずです。

　さらには、無理やり面白くしようといった野心がないのも、この人のよさといえます。ごく自然に、特別意識もしていないのに、小さな楽しみを見つけたり、新たな発見ができてしまうのです。この人と一緒にいるだけで、「世界が変わって見えてくる」と感じて、身近に寄ってくる人も少なくなさそう。結果的に、幸運のおすそ分けをしてあげていることもあるのです。

38画

人を引きつけるチャーミング人生

38はチャーミングを意味するナンバー。

画数38を持つ人は、人を引きつける魅力にあふれたタイプです。美貌やスタイルに恵まれて、周囲がハッと振り向くこともあるかもしれません。魅力的な声の持ち主だったり、物腰の優雅な人だったりと、つい皆の視線が集まってしまうこともあるでしょう。笑顔が可愛くて、この人がニッコリするだけで、周囲までついほほ笑んでしまうケースもありそうです。

さらには、人生のさまざまな経験を積むうちに、チャーミングな人柄に変身していくケースもあり得るでしょう。そんな場合は、この人自身、「若い頃の自分はとがっていて、嫌なタイプだったのに」と、苦笑することもありそうです。

苦労や困難を乗り越え、自分を見つめ直し、他人とつき合っていく上での距離感や相手を思いやる心、といったさまざまなものを学ぶことによって、どんどんチャーミングな人になっていけるのです。現在、「全然チャーミングじゃないや」と感じるとしても、まだ大丈夫。今からチャーミングを目指せばOKです。

人に愛される運気

運気的には、かなり強い運気の持ち主です。なぜなら、潜在的に人に愛される才能を秘めているわけだから。愛されるというのは、精神的にも、物質的にも、周囲から恩恵を受けることができる生まれであることを意味しているのです。

ただし、チャーミングな自分を利用して、利益を得ようとするのは、運気ダウンを招く可能性があるので要注意。気になる相手に魅惑的なところをアピールして歓心を買うのはかまいませんが、相手の懐具合まで狙うのは、やめたほうが無難です。

39画

こだわりなく再チャレンジの人

39は復活を意味するナンバーです。

画数39を持つ人は、アッサリして物事にこだわらないタイプ。思いどおりにならないことがあったり、失敗してもクヨクヨしません。「なるようにしかならない」という、達観したような傾向も強く、そのこだわりのなさが、プラスに働くことも多いのです。

というのは、次にチャンスが回ってきたときに、気負いなく挑戦できるからです。「また、失敗したらどうしよう⁉」といった不安や迷いとは、まったく無縁なのです。

また、自分の望みを手に入れたとしても、満足して立ち止まることもありません。いつの間にか、新たな目標を見つけて歩み始めます。とはいえ、ガツガツするでもなく、どこまでも自然体なので、やる気がなさそうに見えることもあります。うまくいってもいかなくても、それはそれでよい、という大らかさがあるのです。一度舞台から消えても、したたかに蘇る復活力こそ、この人の持ち味なのです。

不運にも落ち込まない

運気的にはそれほど強いわけではありませんが、アンラッキーやトラブルに遭遇しても、あまり落ち込んだりしない分、運気低下の波を受けずにすむことができるタイプです。たとえば、ひどい不運状況に身を置いていたとしても、この画数の人には、せいぜい小さな不運にしか感じられないのです。

結果的に、不運状態から這い上がっていくのに、さほどパワーも努力も要らないということになります。いつも笑顔で「ドンマイ！」と言っている、明るくさわやかな存在と映るでしょう。そばにいるだけで、勇気をもらえたり、励ましを受けているように感じる人も多いはずです。

40画

信念を持ち強靭な精神を持つ

40は強靭さを意味するナンバーです。

画数40の人は、自分なりの信念を持ち、芯の強さを秘めているタイプです。純真で疑うことを知らず、周囲の影響をまともに受けてしまうかもしれません。自分の意見や考えがないように見えてしまうため、自分の意見や考えがないように見えてしまうかもしれません。

さらには、あっちにフラフラ、こっちにフラフラと、腰の据わらない人と思われることもありそう。とはいえ、実体験や熟考が不足しているからです。その証拠に、大人になるにしたがい、物事を正しく受け止めようとする意識が高まり、徐々に見極める力が身についてくるからです。

しかし、状況や状態によって臨機応変に対応するのは、得意とは言えないかもしれません。とはいえ、失敗や苦境には決してめげない、強靭なパワーを持っています。夢や希望が見つかれば、どんな苦境もものともせず、一生をかけて追い続けていくでしょう。まさに「芯の強い人」、「決して折れない心の持ち主」として、周囲の称賛を集めることも少なくないのです。

強運で大器晩成

運気的にはかなり強運の持ち主です。ただし、自分が強運の持ち主だと感じることはあまりないかも。特に若いうちは、「何をやりたいのか？　どんな人生を送りたいのか？」なかなかイメージが湧かず、漫然と日々を送ってしまったりしがちです。

でも、焦らなくても大丈夫！　基本的に大器晩成タイプですから、早々と人生の目標を見つける必要もなければ、自分はこうだ、と決めつける必要もないのです。経験を積むにしたがい、自然と自分なりの夢や希望、人生観が見えてくるからです。しかも、意外と強靭でたくましいタイプだと自覚して以降は、運の強さを実感することも多くなるはず。

41画

天性の明るさを持つ人

41は明るさをあらわすナンバーです。

画数41を持つ人は、天性の明るさを持っています。

パッと目につく華やかなムードの持ち主だったり、いつも笑顔を絶やさず、明るく前向きな発言や行動のできる人だったりするでしょう。また、特別目立つタイプというわけでなくても、いるだけで自然とその場が明るくなごやかになってしまう、そんな存在だったりするはずです。周囲からぜひ友だちになりたいと思わせる、魅力の持ち主といえます。

明るさは、現在よりも未来を見つめようとする気持ちにつながります。今日がアンラッキーな状態だったとしても、明日はよくなると信じる、そんな前向きな未来志向の持ち主です。

とはいえ、物事の本質や裏面が見えないわけではありません。逆に、隠していたいものまで明るみに出してしまうこともあるでしょう。しかし、そんな正直さや素直さも、この人の持ち味です。

強い運勢を持つ典型

強い運気を持って生まれてきたタイプの典型といえるでしょう。両親はもちろん、祖父母や親類からも待望の赤ちゃんとして待ち焦がれた存在だったはずです。この人がこの世に生を受けた途端、多くの人が喜びに湧き、彼らに笑顔をもたらしたのではないでしょうか。幼い頃は、あちこちから、お菓子やおもちゃをプレゼントされて、にぎやかな毎日を送っていたはずです。

十代以降は、近所や学校でも評判のチャーミングな子として有名になるでしょう。その人気の高さに嫉妬心を持つ相手もいるかもしれませんが、心配はいりません。親しくなるにつれて、この人の純粋な明るさや魅力に、相手も脱帽してしまうからです。

42画

暖かいハートの持ち主

42は、暖かさを意味するナンバーです。

画数42を持つ人は、他人を思いやる気持ちにあふれています。子ども時代、風邪をひいて高熱を出し、寝込んでしまった自分を介抱してくれる母親に対して、「ママ、大丈夫？　疲れてない？」なんてねぎらいの言葉をかけたりするタイプです。自分も苦しくてつらいのに、それでもちゃんと相手を思いやることができる、素晴らしい才能の持ち主といえます。

さらには、同情心にもあふれています。悲しさに打ちひしがれている人がいれば、共に悲嘆を感じて涙を流し、喜びに小躍りする人がいれば、一緒に飛び上がって喜びを分かち合うことができます。「暖かいハートの持ち主」だと皆から慕われるでしょう。

また、励まし上手である点も、魅力の一つといえるでしょう。「頑張ってね！」「心配しなくてもいいよ」「大丈夫！」といった、ごくありきたりの言葉も、この人から発せられると、まるで魔法の言葉のように聞こえ、心に染みいってくるのです。さらには、小さなトラブルやアクシデントなど全く気にしない、前向きな気質も持ち合わせています。

生まれながらの運気の強さ

他人にやさしい視線を注ぎ、励ましてあげるパワーの源は、生まれながらの運気の強さにあります。自分が不運な状況にあっても、周囲を思いやることができるのは、度量の広い人間だというしるし。「将来、大物になるのでは？」と期待されてきたのではないでしょうか。とはいえ、頑張りすぎるために、疲れを感じてしまうこともあるはずです。素直に愚痴の一つをこぼしたり、甘えたりすることも大事。心から気を許せる存在がいるだけで、人生はさらに何倍も輝きを増すでしょう。

43画

天才的な能力を持つ人

43は天才を意味するナンバーです。

画数43を持つ人は、天才的な才能や能力を宿しています。たとえば、幼いうちから駅名をすらすら暗記してしまったり、楽器を上手に弾きこなして周囲を驚かせたりして、天才の片鱗を見せたりします。また、学校の成績はそれほどでもないのに、部活ではイキイキと才能を発揮して、一躍、地域どころから全国的な有名人になったりするケースもあるでしょう。

また大人になってから、突然、才能を爆発させることもありそう。それは、この人の才能や魅力を周囲がなかなか理解できず、認めるまでに時間がかかってしまうから。つまり、この人に時代が追いついていかないうちは、「変わった人」とか「よくわからない人」といった印象をもたれてしまうのです。

とはいえ、そんな「謎に満ちた人」というイメージも、才能の一つといって差し支えないでしょう。そして、この人をますます魅力的に見せているのです。

周りのパワーを借りる

意外と強い運気の持ち主ではないようです。ただし、この人には周囲の人たちのエネルギーを借りてしまう、そんな特技があるのです。しかも、本人はちゃっかりエネルギーを借りていることさえ、気づいていません。無意識のうちに、周囲のパワーやエネルギーを取りこんで、豊かな才能を開花させることができるのです。

また、他の人が気づかず、目にも留めないようなところに面白いものを発見して取り上げたりするのも得意です。そんなところが「天才には、天才にしかわからないものがあるのだ」と周囲をうならせる結果となります。上から目線にならない限り、輝かしい人生を送ることができるでしょう。

44画

未来に心を馳せる夢見る人

44は、夢見る力を意味するナンバーです。

画数44を持つ人は、大きな夢を抱き、その夢を実現するだけのパワーを備えています。幼い頃から、将来はどんな大人になりたいかといったことを真剣に考えたり、こんな職業についてみたいとか、あんなところに行ってみたいといった、いろいろな夢を抱いているタイプです。周囲の大人には、鼻で笑われるかもしれませんが、ちっとも気にしません。未来に向かって心を馳せる、そんな夢見る力こそ、素晴らしい才能といえます。

しかも、この人のすごいところは、一生、夢見ることを続けていけるところです。ふだんの暮らしや仕事に忙殺されて、多くの人が夢見ていた若き日の自分など、すっかり忘れてしまっても、この人に限っては夢見る力が衰えることはありません。むしろ、ますます夢見る楽しさを味わうことができるでしょう。その結果、人生も後半になってから、長年の夢をかなえるケースもありそうです。

夢実現のためのプランを

夢見ることの楽しさに、いかに早く気づけるかによって、運気の強さが変わってきます。漠然と夢を見るだけでなく、いろいろな情報や知識を集めて世界を知ることができれば、夢を描くことが俄然、面白くなってきます。そして、夢実現のためにいろいろと想像したり、成功のためのプランを練ったりといった楽しみを、味わうことができるでしょう。

たとえば、漫然と知らない土地に行ってみたいと思うのと、明確にこの場所に立ってみたいと思うのとでは、その後のアプローチに違いが生じるはず。具体的なイメージを描くことができれば、実現も早まり運気も強くなります。

45画

栄光に包まれた人生

45は栄光を意味するナンバーです。

画数45を持つ人は、生まれながらにして栄光に包まれた運命を与えられています。たとえば、両親が社会的な成功者だったり、有名人だったりするかもしれません。あるいは、尊敬されるような職業についていたり、その地域の重要人物だったりすることもあるでしょう。そんな両親の元で生を受けたこの人は、生まれ落ちた瞬間から、周囲の注目を浴び、称賛の的となるはずです。幼い頃は、自分の立場などおかまいなしに、自由奔放に振舞います。しかもそんな屈託のなさが、ますます魅力をアップさせ、将来の大物ぶりを周囲に期待させてしまうようです。

栄光に包まれた人生は、学生時代に大きく花を開きます。学業で優れた成績を残すケースもあれば、スポーツや部活でめざましい活躍をするケースもあるでしょう。趣味で一躍、名を馳せるかもしれません。栄光の時代はその後も続き、社会人になってからも、周囲の引き立てを受けたり、皆から愛される存在となるでしょう。

トラブルはあなたを避けて通る

もちろん、とても強い運気を持って生まれてきた人といえます。アンラッキーやトラブルなどは、この人を避けて通ってしまっているのか、と思ってしまうほど、不運に悩まされることも少なく、かなり幸運に恵まれた人生を送ることができるでしょう。

ただし、幸運にあぐらをかいて、何でも自分の好き勝手にしようとするのは間違い。「栄光」は自分の努力で手にしたというより、生まれながらに天から授かったものだからです。周囲への感謝と気遣いを忘れないこと。そして謙虚な自分でいることが、素晴らしい栄光の人生を歩む条件となるのです。

46画

美的センスにあふれた人

46は美しさを意味するナンバーです。

画数46を持った人は、美的センスにあふれています。外見にも気を使い、おしゃれな雰囲気やセンスのよさを感じさせるタイプです。その美的な感覚は幼い頃にすでに養われているはずです。帽子一つ、お稽古用のバッグ一つを選ぶにしても、親から与えられるものを漫然と使うのではなく、自分なりのこだわりを持って選んでいるでしょう。生まれながらの美貌を備えていたり、体型に恵まれ、洗練された着こなしができているケースもありそうです。

また、この人の美意識は、ライフスタイルにもプラスに働きます。自分の部屋を使い勝手良く整頓した上、しかもおしゃれに見える配置を工夫したりするのも得意でしょう。さらに、人間関係でも、風通しのよい信頼関係を築いて、周囲から羨ましがられるはずです。すべてにおいて、美意識が行き届いているのです。また、美を追求する気持ちが、趣味や芸術の方面に発揮される可能性も高いはずです。

強いエネルギーが幸運をもたらす

美を追求していくためには、高邁な精神力やストイックな意識が必要です。いい加減な気持ちでは、美しさ、端麗さをキープすることができないからです。それができるのは、本来、この人が持っているエネルギーが強いから。かなり強い運気の持ち主といえるでしょう。

その反面、美しさを追い求め続けるためには、エネルギーをどんどん消費していかなくてはなりません。ある意味、強運をすり減らしていっているのも事実。パワーダウンを感じたら、すぐにエネルギーチャージをすることも大事。それには、芸術作品など美しいものに触れるのがいちばんです。

47画

何かとツキに恵まれる人

47はツキをあらわすナンバーです。

画数47を持っている人は、何かとツキに恵まれる、そんな幸運を持っています。たとえば、外出中、急に雨が降ってきたので、たまたま目の前のお店に飛び込んで、しばらく休憩して出てきたら、雨もすっかり降りやみ、陽が射してきた、といった幸運に恵まれるタイプです。また、大好きな職場や学校だったのに、転校や転勤をすることになってガッカリしていたら、可愛がってくれた先輩や教師も同じところに移動することになる、といったケースもありそうです。

たまたま早く帰宅したら、特別なお菓子が待っていたりするケースもありそう。そんな小さなラッキーに恵まれるチャンスが重なって、「自分ってツイてるタイプかも?」という気持ちが芽生えるのです。

そして、自分はツイてる人、という自覚が、さらなる幸運を呼び込むきっかけになるのだから不思議なもの。つまり、ツキがあると信じることによって、アンラッキーを感じる度合いが減り、物事をプラスに考えることができるのです。

小さなツキでも喜べる力

ツキに恵まれているのだから強運だと考えるかもしれませんが、実は運気的には中程度の強さの持ち主です。とはいえ、どんなに小さなツキでも、素直に喜ぶことができれば、幸せな気分をキープできるし、未来に向かって邁進する原動力も出てくるはずです。大いに喜んで、ツキを呼び込んでください。

ただし、ツキだけを頼りにして、努力をしないのは運気をダウンさせるモト。たとえば、何の試験勉強もしないで、ヤマを張るのは到底無理なもの。多少は勉強して努力をしているから、ヤマも張れるのだし、それが当たることにつながるのです。

48画

底力のある実力者

48は実力者をあらわすナンバーです。

画数48を持つ人は、物事を確実に推し進める能力を持ち、人の上に立って皆を引っ張っていくだけの度量を備えたタイプです。子どもの頃は自分の意見をうまく口にすることができなかったり、なかなか考えを変えないために頑固者だと思われてしまうかもしれませんが、大人になるにつれて、底力のある人だという評判が高まり、成功体験も増えてきます。

仕事においても、意外とデキる人だと評価されるようになれば、その後はうなぎのぼり。評価されればされるほど、モチベーションも上がって頑張りがきくようになるからです。

いったん、成果を上げてからは、実力者という評価が固まるでしょう。新規のプロジェクトを行うときや、組織の改編を行うときには、かならず、責任の一端を担うような立場につくことになるはずです。この人が加わっただけで、その計画自体も絵に描いた餅から、しっかりと地に足のついた実現可能なものへと変貌するでしょう。

若いうちはパワーが出にくい

本来底力のあるタイプですから、運気も強い人だといえます。ただしフットワーク軽く、身軽に行動できるわけではないので、若いうちはパワーを出しきれずに終わってしまうことも少なくないでしょう。その意味では典型的な大器晩成型です。

したがって、焦って結果を出そうとしないほうが、結果的には幸運を呼び込むことができます。

諦めずに頑張り続けることが、何よりも大切です。さらには、周囲の人との協調をはかることも大事。せっかく実力があっても、周囲から浮いてしまえば、実力を十二分に発揮しにくいからです。

49画

スリリング人生を好む人

49はスリリングさをあらわすナンバーです。

画数49を持つ人は、刺激にあふれた、ハラハラドキドキの人生を好みます。穏やかで平凡な日々を送りたいという気持ちは、まったくないでしょう。毎日、面白いことが起きて、ワクワクしながら過ごしたいというのが本心です。面白い話題を口にして笑いを取るのも大好きなはずです。

さらに、出会いも重要な要素です。新しく知り合った相手には、興味しんしんで話しかけ、相手のことを何かれと知りたがります。新たな存在が、この人の心を湧きたたせ、スリルをかきたてるからです。

さらに、立ち止まることを嫌い、自分から新たな環境に飛び込んでいきたいという気持ちも強いタイプです。もし、現在の立場を変えるのが無理だったとしても、せめて新規プロジェクトの一つくらい、自分の手で立ち上げたいと思うでしょう。

平凡さに耐えられない

もし、日常が平凡ながらも滞りなく回っているのだとすれば、たいていの人は変化を嫌うでしょう。まあまあうまくいっているのに、無理に変化を求める必要はないし、変わったとしても、よい変化となるかどうか、リスキーな話だと考えるからです。

つまり、この人のように刺激にあふれたスリリングな毎日を送りたいと、スローガンに掲げるのはとても勇気のいることであり、パワーが必要なのです。この人の場合は、平凡さに耐えられないというのが本音。たとえ現状より悪くなるとしても、変化がないよりはまし、だと思っているわけです。現状悪化も何のその、と思えるのはそれだけ、この人が持っている運気は強いものだからです。

50画

何事も完璧さを求める人

50は完璧を意味するナンバーです。

画数50を持つ人は、何事もきっちりやり遂げなければ、気がすみません。そして、並みの出来上がりでは満足できず、できるだけ質の高いものを完成したい、という意欲を持っています。何事も完璧にやり遂げたいというのが、この人の本質です。

その完璧主義ぶりは、子どもの頃から発揮されるでしょう。たとえば、おもちゃ一つ片づけるにしても、自分なりの収納手順でないと気がすまなかったりしそう。きちんと見た目も美しく片づけたい、と幼いながらにも思うはずです。

さらには、洋服に汚れがつくことを嫌って、他の子どものようにがむしゃらに遊んだりすることを嫌がったりするケースもありそう。その反面、好きな教科の勉強や趣味には、ごはんを食べるのも忘れて熱中する、といったこともあるでしょう。それも完璧を目指す意識のあらわれといえます。さらに、大人になれば、完璧主義は、本物を極めたいという意識にも通じていきます。

運気的に強いストレスフルな人生

完璧主義は、物事に対してこだわりがあるから生まれます。どうでもいいと思っているのであれば、完璧を目指す必要もありません。それだけストレスフルで面倒なことをモノともしない、強い精神力の持ち主といえるでしょう。運気的にもなかなか強い運を持っているはずです。

ただし、あれもこれもパーフェクトを目指すのは、やはり無理があるでしょう。本当に完璧にやりたいものは何か、をしっかり見極めることが大事。取捨選択をして、集中して全力を注げば、間違いなく人生のサクセスを手に入れることができます。

51画 ビッグチャンスをモノにできる

51はビッグチャンスをあらわすナンバーです。

画数51を持つ人は、大きな幸運に恵まれる運命を持っています。たとえば、いざ受験するという時に、入試制度が変更となり、得意な科目が受験科目に加わって有利な状況になったり、転職を考えていたら、希望していた会社が求人募集を開始したり、目当ての会社からオファーがきたりする、といった可能性もありそうです。もちろん、そんなビッグチャンスは、めったにあるわけではありません。それだけに、うまくチャンスをつかめた暁には、「運のいい人」と周囲から羨ましがられるでしょう。

さらには、人と出会いの中でも、ビッグチャンスに恵まれるケースは十分に考えられます。たまたま知り合った人が海外に住み、訪ねて行ったら、そこで一生を左右するような得難い体験をすることになったり、独立して会社を興した友人から、参加を求められてやりがいあふれる毎日を送ることになったりする、といったケースもあるでしょう。

間違いなく強運の持ち主

間違いなく、強運の持ち主です。ただし、せっかくの強運を無駄遣いしないことが大切。運頼みの生活をして、努力を怠っていたのでは、本物のビッグウエーブが訪れた時、波に乗り切れなくなってしまいます。ふだんは自分なりの頑張りだけで、理想に近づけるように心がけてください。

そうすれば、すでに準備ができて、受け入れ態勢も万全なのだから、チャンスをつかむことができます。さらには、目先の幸運に惑わされず、長期的な展望も視野に置くことで、幸運を手にできるでしょう。

52画

快適人生を送れる人

52は快適を意味するナンバーです。

画数52を持つ人は、快適な人生を送る運命を持っています。裕福な家庭に生を受け、精神的にも金銭的にも余裕を持った両親の元で、すくすくと成長してきたのではないでしょうか。また、ごく一般的な家庭であったとしても、笑いの絶えない明るい家族と共に、快適な居住空間で暮らすことができてきたのではないでしょうか。あるいは、何かと気遣ってくれたり、支えてくれる人に恵まれるといった、心地よい人間関係も構築できているはずです。

そんな快適な人生は、大人になってからも続いていくでしょう。たとえば、たまたま配属されたセクションが脚光を浴び、予算もふんだんに使えるようになったりするのです。また、対立してきた上司が転勤して、快適な職場に変わるといったケースもあるでしょう。

とはいえ、快適な状況は、努力でなく、幸運の女神がほほ笑んでくれたもの。感謝する気持ちを忘れないことが大事です。

お陰様の心を忘れないで

快適な人生を歩めるこの人を、周囲は大いに羨ましいと思っているでしょう。それだけ強い運気の持ち主だといえます。とはいえ、快適な環境を享受できるのは、陰ながら整えてくれている人がいるからだ、ということを忘れないでください。たとえば、子ども時代を快適に過ごせたのは、親を始め、多くの人の支えがあったからです。

サービスを受けた時は、素直に「ありがとう」の言葉を口に出しましょう。また、自分自身からも快適な状況を作り出そうと心がけ、努力ができていれば、今後も快適な人生を送ることができるでしょう。

53画

根っからのリーダー気質

53はリーダーを意味するナンバーです。

画数53を持つ人は、根っからのリーダー気質の持ち主です。子どもたちのまとめ役になっていたり、率先して遊びやいたずらのリーダーを務めていたはずです。また、子どもといえども中心的な存在として、家族の結束を固める役割を果たしていたかもしれません。この人が行きたいと言い出せば、急にテーマパークに行くことになったり、次のヴァカンス先が決まってしまうといったこともありそうです。

学生時代は、クラスのリーダーとして皆をバリバリ率いたり、生徒会長を務めたりしているはずです。大きなイベントや重要な問題はこの人にお任せすればOKということになります。

この傾向は社会人になれば、ますます強くなっていきます。社内やPTAを牛耳っていたり、地域の活動に欠かせない存在になるでしょう。

リーダー気質の強いパワーの持ち主

リーダーとしての素質をたっぷり持っているタイプです。幼いなりに自分の意見というものをちゃんと持ち、言葉にすることができるでしょう。そして、周囲を説得するだけのパワーも宿しています。当然、かなり強い運気の持ち主といえます。また、周囲からもリーダーとして活躍してほしいと望まれる、それだけのパワーや運気も持ち合わせているのです。

ただし、リーダーというのは、つねに率先して皆の先頭に立っていくことが使命です。物事がうまく回って前進できている時は意気揚々と先陣を努めればいいのですが、問題は逆風やアンラッキーに見舞われた時。先頭に立ち、困難に取り組み、克服していくのが真のリーダーです。不遇の時こそ、リーダーの真価が問われると覚悟すべきでしょう。

54画

華やかな美貌の持ち主

54は華やかさをあらわすナンバーです。

画数54を持つ人は、華やかな人生を歩んでいくでしょう。外見的にも魅力にあふれ、美貌の持ち主の可能性も高いはずです。また、容姿はごく普通なのに、醸し出されるムードが不思議と周囲を惹きつけてしまう、華やかな雰囲気をまとっているかもしれません。ファッション感覚がバツグンで、他の人が真似すれば冴えなかったり悪目立ちするだけなのに、この人がすればおしゃれに見えたり、パッと目立ったりするケースもありそうです。

子ども時代から、周りにいる人たちを不思議と惹きつけるタイプですが、その吸引力が顕著になるのは、やはり思春期以降です。大人になるにしたがって、独特の魅力が見事に花開いて、華やかなムードが増してくるでしょう。同性さえも、この人の華やかさにはまぶしさを感じられずにはいられません。

さらには、陽のあたる明るいシーンに身を置くチャンスも増えるはずです。たとえば、時代の先端をいくような職業についたり、皆の注目を浴びるような、芸能人的な活動をすることになるかもしれません。

周りの賞賛が運気を強める

かなり強い運気の持ち主といえるでしょう。皆が注目すればするほど、華やかさが増していくのが、この人のすごいところです。称賛されることで自信が増し、立ち居振る舞いや言動にもどんどん余裕が出てくるのです。

とはいえ、そばにもっと華やかな人や才能豊かな人がいて、存在がかすんでしまうようなケースは要注意です。そんなシーンにはできるだけ身を置かないこと。せっかくの幸運に水を差すことになります。両雄は並び立たないと考えるべきです。

55画

スケールの大きい夢を抱く人

55はスケールの大きさを意味するナンバーです。

画数55を持った人は、人生に対して大きな夢を抱いていています。しかも、その夢の大きさたるや、半端ではありません。幼い頃から、その夢を口にして、周囲の大人たちの失笑を買ったりすることもありそう。でも、かしましい外野の声など、この人の耳には少しも届かないでしょう。一般の人には、この人のスケールの大きさは理解できないものなのです。

ほら吹きと思われるのは、子どものときだけでなく、青年になってからも変わらないかもしれません。相変わらず、周囲はこの人の夢や希望を、「大口をたたいているだけ」と思っているでしょう。子ども時代と違うのは、実現するための方法論を模索し始めていること。現実にやっと目覚め始めたのです。

そして、「自分の夢をかなえるためには、どんな手順がいいのか？」「何か必要なのか？」「誰に助力を頼めばいいのか？」といった具体的な方策を練り始めた途端、この人のパワーがさく裂するはずです。

本番にパワーを出し切れる

意外ですが、それほど強運の持ち主というわけではありません。ただし、いざという時には、素晴らしい集中力を発揮してすべてのパワーを出し切ってしまう、そんな才能を隠し持っています。そのため、ここぞという瞬間が訪れた時には、めざましい活躍ができて夢をかなえてしまうことができるのです。

しかも、その瞬間には「今だ！」と本能的にわかってしまうので心配ないでしょう。とはいえ、その瞬間が訪れるまでは、パワーの無駄遣いはしないほうがよさそう。特に、体力面ではつねに余力を残しておきたいものです。

56画

ちょっと得する幸運に恵まれた人

56は得をあらわすナンバーです。

画数56を持つ人は、ちょっとした幸運に恵まれる運命を持っています。たとえば、子どもの頃、お手伝いをしたり、よいことをしてごほうびをもらうチャンスが訪れたとします。すると、なぜか、この人だけ、他の子どもたちより多くごほうびをもらったりするのです。さらにはゲーム大会でいちばんよい賞品を引き当てるのが、この人だったりするケースもあるでしょう。

そんなふうに、不思議とちょっと得するラッキーに恵まれるのです。得しちゃう才能を持っているとしか、言いようがありません。

そんなラッキーさは、大人になってからも健在です。たとえば、厳しい指導に落後者が続出するような職場だったのに、新人研修を終えて本格的に仕事についた途端、社長が交代して、社内のムードが明るくのびのびとしたものに一変したりするのです。

「徳」を積めば幸運は永遠に

得する運気の持ち主ですから、運が弱いはずはありません。強運の持ち主といっていいでしょう。ただし、ドカンと大きな幸運が訪れるというよりは、何となく得するとか、目の前でアクシデントやトラブルが起きても、何とか巻き込まれずにすんでしまう、といったラッキー度です。決して自分の努力で幸運をつかんだわけではなく、たまたま運がよいだけだという、謙虚な姿勢が大事です。

さらには、「徳」を積む意識も必要です。徳を積むとは、見えないところでよい行いをすること。つまり、善行を行うことで、小さなラッキーを積み重ねて貯金しておくのです。そうすれば、この人の幸運はいつまでも続いていくでしょう。

57画

しっかりと自分を持つ人

57は自分らしさの追求を意味するナンバーです。

総画57を持つ人は、しっかりとした自分を持っているタイプです。その時その時の自分が置かれた状況を冷静に把握することができ、その上で自分は何がしたいのか、どんな生き方をしようとしているのかを模索しようとします。どんな状況であっても、自分を失わないように心がけるでしょう。というのも、この人のメンタリティの核にあるのは、つねに自分らしくありたいという欲求だからです。

子ども時代に、その萌芽はすでに見えているのでしょう。他の子どもたちが無邪気に騒いでいるのをよそ眼に、自分のテリトリーを守り、自分の好きなものや興味ある分野に目を向けているはずです。

大人になるにしたがい、自分らしさへのこだわりは際立ってきます。自分の個性や魅力をしっかりと認識していかに周囲にアピールするか、自分の才能をいかに伸ばしていくかに、この人の意識も言動も集中するようになるでしょう。

柔軟と頑固の両方を持って

自分らしさというのは、決して一つではありません。というのは、環境や状況によって、自分自身もまた変化していく存在であるからです。したがって、柔軟な一面も持ち合わせているのがこの人です。

それでも、周囲から見れば、一貫して「この人らしく振舞っている」ように見えるかもしれません。それは、芯の部分に信念というものが隠されているからで、こうありたいという思いがあり、理想の自分の姿を追い続けているからです。したがって、この人には柔軟な一面と、堅固な一面の両面があるのです。間違いなく強運の持ち主といえます。

58画

努力をいとわない人

58は努力をあらわすナンバーです。

画数58を持つ人は、努力をいとわないタイプです。生真面目で地味な性格だと思われるかもしれませんが、そんなことはありません。この人の場合は、努力が全く苦にならず、たとえ傍からはものすごく努力を重ねていると見えても、本人にとってはつらく感じられないのです。つまり、努力の沸点がものすごく高いのです。

したがって、鼻歌を歌いながら楽しく勉強して難関校をなんなくクリアしてしまう、なんていうケースも、この人に限っては十分にあり得ます。もちろん、やるだけのことはちゃんとやっているのですが、歯を食いしばって頑張った感はさらさらないでしょう。

この努力を努力と感じないでできてしまう才能は、社会に出てからも大いに発揮されます。職場でも地域のコミュニティでも、この人に頼めばきっとうまくいくと信頼され、成功体験を次々と重ねていくことができるでしょう。

生まれながらの強運が後押しする

天性の努力家といえますが、本人には努力しているという実感が少ないタイプです。大らかで、いい意味での鈍感さを持った人といえるかも。驚くほど悠長に構えていられるのは、生まれながらに強運を持っていて、多少のアンラッキーなど、歯牙にもかけないで過ごしていけるからでしょう。

精神的に余裕がある分、他人の面倒を見たりできるので、何かと頼られることも多いはず。小さなことでクヨクヨする人の気持ちは理解できないかもしれませんが、できることは気軽にやってあげると、うれしい恩返しがあるかもしれません。

59画

天性のひらめきを持つ人

59はひらめきをあらわすナンバーです。

画数59を持つ人は、素晴らしい才能を持っています。それは現状に行きづまったときや打破したい壁が立ちはだかった時、ほどなく、乗り越えるためのひらめきが訪れるという才能です。頑張って打開しようとするまでもなく、なぜか天啓のようにグッドアイディアがひらめいてしまうのです。

さらには、そのひらめきに自然にしたがったおかげで、アンラッキーやトラブルを未然に防ぐこともできるでしょう。特に、子どもの頃は誰しも、理性よりは、気分や感情といったもので行動することが多いので、ひらめきのおかげで何かと得したこともあるかもしれません。

大人になってからも、自分の心の声に素直に耳を傾けることができれば、このひらめきパワーによって、大きな幸運を手にすることができます。そのためには、損得で物事を判断しないことが大事です。また、何となく嫌だなあとか、危険だなあと感じる人やモノには、決して近づかないことも大切です。

ひらめきがチャンスを与える

運気的には、まずまずの強さを持っているといえます。ただし、ひらめきがなかなか訪れない時期もあるかもしれません。そんな時は、感性のアンテナが弱まっているのですから、魂の充電を心がければいいのです。好きな趣味に打ち込んでみたり、旅行に出かけたり、おしゃれを楽しんだりして、リフレッシュをはかってみましょう。

ストレスが解消されて気分転換ができれば、ふたたび、ひらめきの才能も戻ってきます。さらには、芸術関連の趣味を楽しむことで、素晴らしいひらめきの才をキープすることもできるはずです。

60画

晴れ晴れとした朗らかな人

60は晴れを意味するナンバーです。

画数60を持つ人の人生は、清々しく晴れ渡っていきます。家族や祖父母からたっぷりと愛情を注がれ、いつも明るく楽しい毎日を送ってきたでしょう。そして、たとえアンラッキーやトラブルに遭遇したとしても、真正面から果敢に立ち向かっていくことができたのではないでしょうか。その結果、まずまず満足のいく状態を得ることができたはずです。

気の合わない人が現れたり、人間関係で傷ついたりすることもないわけではありません。しかし、どんなときも公明正大をモットーとして、真摯に相手と対応していこうというこの人の気持ちは、自然と相手に伝わっていきます。たとえ和解できないまでも、わだかまりや不満は解消できるでしょう。

そんな晴れ晴れとした、明るく朗らかな性格を持つこの人に、好意を持って近づいてくる人や引き立ててあげたいと感じる人も少なくないはずです。そんな人たちの善意のおかげで、この人の人生はますます明るく輝きを帯びていくことになるのです。

最強の笑顔が新たなツキを呼ぶ

晴れの状態をキープするためには、かなりのエネルギーを必要としますが、それだけのパワーが秘められているので、やはり強運の持ち主といえます。

しかも、この人の場合、たとえアンラッキーやトラブルに遭遇しても、落ち込んだりするのは一瞬のことでしかありません。すぐに顔をあげて、まっすぐな視線と共に状況打開に取りかかります。悩んだり泣いたりして、顔や瞳が曇るのはふさわしくないと、この人は本能的に知っているのです。そして、笑顔を取り戻すことが、新たなツキを呼び込むことにつながっていくのです。

61画

世界に羽ばたく大らかな人

61はワールドワイドを意味するナンバーです。

画数61を持つ人は、大きなスケールを持ち、世界に羽ばたいていくような気性を持っています。幼い頃から、細かな事にはこだわらず、大らかなタイプで、将来の夢を明るく楽しげに語るような子どもだったのではないでしょうか。しかも、この人は誰に対しても素直に平等に接することができます。性別や年齢はもちろん、国籍や外見で人を判断したり差別したりするという発想が、そもそもないのです。

目上の人にも意見をストレートに口にするため、生意気だと思われることも少なくないでしょう。しかし、それも世界へ羽ばたいていくための試練。そんな経験を通じて、上手に人間関係を築いていくことを学び、たくましいパワーを身につけていくことができるのです。さらに、誰に対しても平等に接する精神は、人を育てる際にかならず役立ちます後に続こうとする、高邁な精神を持った後輩が次々と出てくるでしょう。

好意的な応援がパワーになる

運気的には、中程度のエネルギーの持ち主です。キラキラと自分の希望を語るこの人を、好意的に受け止めてくれる人も少なくありません。その応援がパワーになり、運気を高めるきっかけになるはず。

ただし、「そんな夢ばかり追っていても、無理に決まっているよ」と厳しい意見を言う人もいるでしょう。しかし、そんな批判的な意見をしっかり受け止め、冷静に自分を見つめ直すことによって、改めて作戦を練り直し、エネルギーチャージができるのです。マイナスをプラスに変えることで、ワールドワイドな活躍に結びつくのです。

62画

幸運の数々を一身に集める人

62は幸運を意味するナンバーです。

画数62を持つ人は、幸運の星の元に生まれてくる人です。とはいえ、ごく一般的な家庭に育ち、学生時代もわりと優秀な方だとしても、才能ギラギラで注目を浴びるといったタイプではないでしょう。真面目で誠実な人柄の持ち主ですから、本来、人を押しのけてまでいい成績を取りたいとかキャリアの道を邁進したい、といった願望も少ないはずです。

この人が自分の幸運をしみじみ感じるようになるのは、人生も後半戦に入ってからかもしれません。進学、就職、恋愛、結婚といったさまざまな問題に対して、一見無難な選択をしてきたように見えても、実はそのすべてが幸運な方向へと向かってきたことをかみしめる日がやってくるでしょう。愛に育まれた家庭環境、友人や仲間たちとの楽しい語らい、お互いを尊敬し慈しみ合えるパートナーの存在、といった財産は、この人にこそ与えられるものなのです。

この人が周囲から羨望の目で見られるのは、一見、平凡なように見えて、実はなかなか手にできない幸運の数々を一身に浴びているせいなのでしょう。

その時々の努力を怠らないで

かなり強運の持ち主です。ただし、自分が強運だからと安心してしまい、努力を怠ってしまうと、一気に運気は下がってしまいますから、気をつけましょう。余計なことは考えず、その時、自分にできることに一生懸命に取り組めばいいのです。

すぐに結果が表れなくても、真摯に向き合う姿勢は大いに評価され、信頼感も増すはずです。また、自分が楽しむだけでなく、人を楽しませたり、喜ばせることのできる趣味を持つのもおすすめです。ボランティア活動に参加してみるのもいいでしょう。

63画

順風満帆の人生

63は順風満帆を意味するナンバーです。

画数63を持つ人は、順風満帆の人生を送ることができるでしょう。さて、私たちが人生に求めるものの第一は何でしょうか。サクセスや富を求める人もいるとは思いますが、とりあえず、健康でつつがなく毎日を送ることができれば、と思う人も多いのではないでしょうか。そんな希望を実現してくれるのが、この画数といえます。

たとえば、バスや電車がすぐに来て乗り継ぎがうまくいったなら、「今日はツイている」ような気分になりますよね。そのあとに待ち構えている事柄もラクにこなせるような気になるでしょう。順風満帆な人生とは、そのようなものだといえます。

また、たとえバスや電車に乗り遅れたとしても、そのお蔭でうれしい出会いに恵まれたとしたら、それはそれで順風満帆なのでは。たまたま乗り遅れたことで、ときめく出会いに恵まれ、いつしか愛が育まれてウエディングベルを鳴らす……といった、まさにロマンティックなラブストーリーのような人生を歩めるのが、順風満帆なこの人なのです。

強い運気が不運を打開する

強い運気を持ち合わせています。自分から何とか現状を打開しようとしなくても、自然と向こうが口を開いて待っていてくれる、といった経験も少なくないでしょう。とりあえず、その口めがけて飛び込んでみれば、何とかなるというケースも多いはず。

ただし、自分が順風満帆であるだけに、他人の苦労や心労に対しての感受性が鈍くなってしまうのはマイナス。つらい思いをしている人にはさりげなく手を差し伸べることができれば、周囲の信頼も深まり、円滑な人間関係を築くことができます。

64画

人生を大きく変えられる人

64は逆転を意味するナンバーです。

画数64を持つ人は、人生を大きく変えられる、そんな素晴らしい才能を持っています。努力がなかなか実らなかったり、希望どおりにならないことがあったりして、不遇に泣くこともあるかもしれません。しかし、そんな状況はある日、一変するでしょう。

たとえば、この人の隠れた才能を見抜いて大抜擢してくれる存在が現れるかもしれません。あるいは、かなりの臨時収入に恵まれて、それを資金に独立することができるかもしれません。そんな素晴らしい運命を持っているのが、この人なのです。

その逆転劇は、一生に一度だけというわけでもないでしょう。たとえ転んでも、次に起き上がって見事によみがえる、といった人生こそ、この人にふさわしいといえます。しかも、新たに起き上がる時には、以前の状況より何段階もステップアップできています。苦境に泣くこともありますが、それ以上に喜びの多い人生になるはずですから、変化を恐れるのは間違い。いくつになってもチャレンジャーとして、若々しくいたいものです。

経験が運気を高めてくれる

本来持っている運気はそれほど強いわけではありません。しかし、努力したり、さまざまな経験を重ねていくことで、どんどんエネルギーが溜まり、運気も強まっていくタイプです。窮地に落ち込んでも見事にクリアしていけた時点で、より大きなパワーがチャージされるのです。

周囲からの応援もプラスのパワーになるので、素直に応援やアドバイスを受けるといいでしょう。応援してくれたり、一緒に頑張ってくれる人の存在があるだけで、勇気りんりんで臨むことができます。

65画

末広がりに運が高まっていく

65は末広がりを意味するナンバーです。

画数65を持つ人は、年齢を経るにしたがって、幸運度が高まっていく運命の持ち主です。若い頃は皆の陰に隠れて平々凡々としていたのが、いつの間にか頭角をあらわし、気づいた時には実力者となって、皆の上に君臨することになるでしょう。

もちろん、子どもの頃から才能のきらめきを見せることはありそうです。習い事一つとっても、教える立場からすれば、最初から「この子は絶対に伸びる！」と感じるかもしれません。ただし、至ってのん気なマイペース人間なので、才能が花開くまでには時間がかかりそうです。そのため、周囲はジリジリしながら、この人の成長を待つことになりがちです。

でも、いったん自覚が生じて、自分の才能や魅力に目覚めてしまえば、素晴らしい活躍ができます。そして、運気好調を維持していく工夫ができるようになるので、その幸運は末広がりに続いていくことになるのです。

謙虚さが幸運を約束する

強い運気の持ち主です。しかし、自分が傑出した人間であるとか、幸運の星に生まれているとはなかなか思えないかもしれません。超がつくほどの謙虚なタイプのため、自分が選ばれた人間だなんて大それたことは考えられないのでしょう。しかし、その謙虚な姿勢こそが、この人を大物にする原動力です。

したがって、謙虚さを忘れてしまえば、末広がりの素晴らしい幸運も半減してしまいます。いちばんの敵は「うぬぼれ」だと心得るべきでしょう。そして、多少成果が出てきたとしても、「まだまだ頑張らなくちゃ」と真摯に思い、努力を積み重ねていけば、かならず人生の勝者となれるのです。

66画

自分をプロデュースするのが抜群

66はデザイン力を意味するナンバーです。

画数66を持つ人は、どんな自分になりたいか、どんな人生を歩みたいかということを、若い頃から考えていきます。また、プランを作るのが上手だったり、絵を描くのがうまいケースも。学生時代には、学園祭の実行委員となって、具体的なイメージを示してイベントを盛り上げる役目を買ったりするタイプです。つまり、この人にはイメージや夢を具体化して、自分でプロジュースする才能が備わっているのです。

また、おしゃれに対して、徹底的なこだわりを持っています。ヘアスタイルやファッションはもちろん、細部にもこだわって自分を演出しようとするはずです。それは取りも直さず、魅力的な自分をデザインしたいという、強い欲求のあらわれといえます。強烈な個性をアピールしたがるのも、自分らしさの追求のゆえといえるでしょう。ともあれ、年齢を経るにしたがって、洗練された自分をデザインしたいという意識に変わってくるはずです。

エネルギーのチャージで運を保つ

自分をデザインしたいという欲求は、かなりのエネルギーを必要とします。そのため、生まれ持った運気はかなり強いということができます。とはいえ、自己アピールというのは自分から発信し続けるばかりの一方通行の行為ですから、どうしてもエネルギー不足になりがち。

したがって、足りなくなったエネルギーをどこから補充するかが、幸運をキープするポイントになるでしょう。支えてくれるよき理解者がいれば、やすらぎがもたらされ、エネルギーチャージも可能となるはずです。また、自分の好きなものを身近に置いて生活するのもいいでしょう。

67画

威風堂々とした自信にあふれた人

67は王者の風格を意味するナンバーです。

画数67を持つ人は、堂々として自信あふれるタイプです。特別プライドが高いとか、お高く留まっているわけではないのですが、何となく威風堂々としたムードがこの人には漂っています。周囲の視線も不思議と惹きつけられてしまうでしょう。たとえ皆、同い年だとしても、この人だけは上司や先輩かと思わせてしまうようなところがあります。

子ども時代は意外といたずら好きかもしれません。とはいえ、バレてしまっても決して悪びれることもなく、「面白かったね」とケロリとしているはず。

この人にとって、人生は山あり谷ありであっても、つねに泰然としています。アンラッキーやトラブルに動じないというよりは、何とかならないような事態は決して起きないものと達観しているかのようです。また、周囲から何かと手助けしてもらえたり、目をかけてもらえるといった幸運も持ち合わせています。援助や手助けしてもらうことに、何の遠慮も躊躇もしないのがこの人です。

周りに安心感を与える

最強の運気を持って生まれてきた人です。どんな時も堂々とした振る舞いをし、泰然自若としているので、この人のそばにいれば、ちょっとしたアンラッキーやトラブルに遭遇しなくてすむのではないか、という安心感を周囲に与えてしまうタイプです。特別何かやらなくても、尊敬されたり重んじられる、そんな徳を持った人なのです。

ただし、「はだかの王様」という言葉があるように、周囲にチヤホヤしてくれる人ばかり集めてしまうと、途端に運気がダウンしてしまいます。忠告をしてくれる人こそ、必要な存在といえるでしょう。

68画

フロンティア精神の人

68はフロンティアを意味するナンバー。

画数68を持つ人は、フロンティアスピリットにあふれ、人生を切り開いていくタイプです。子どもの頃から冒険心に富み、知らない道を歩くのが好きだったり、ゲームを考え出して遊んだことがあったのではないでしょうか。一つの部活では飽き足らず、いくつかの部に所属したり、趣味に明け暮れたりしていたはず。自分がやりたくて、新たなクラブを作ってしまうケースもありそう。

この傾向は大人になってからも続きます。新しいプロジェクトを立ち上げたり、率先して海外に飛び出したりするでしょう。チャレンジすることが楽しくてたまらないのがこの人なのです。

また失敗やトラブルを恐れないのも、よいところです。気の小さい人など、この人が味方についてくれるだけで、どんなに励まされ、頑張ろうという気になれることか。存在しているだけで、皆に勇気を与え、元気パワーの源となってくれるのです。

生まれ持った強い運気

フロンティア精神に富んでいるのですから、本来生まれ持った運気自体、かなり強いタイプといえます。周囲もこの人のエネルギーの強さを認め、大きな期待を寄せてくるでしょう。ただし、期待されているからと無理に応えようとするのは考えもの。

本当にやりたいことかどうか、見極める冷静さも持ち合わせることが大事です。

また、平凡な毎日に飽き足らず、変化を求めたくなった時も、衝動だけで行動しないこと。せっかくのフロンティアスピリットも、やりがいのあるものに対して発揮してこそ、輝きを増すのです。

69画

エネルギーに満ちたたくましい人

69はエネルギーを意味するナンバーです。

画数69を持つ人は、人生をたくましく生き抜くためのエネルギーをいっぱい持っているタイプです。この人のエネルギータンクはつねに満タンで、エネルギーが切れてしまう心配はまずありません。

したがって、いつも全力投球で物事に当たります。幼少の頃、くたくたになるまで遊び、夕食時にはごはんを食べながら、こっくりと居眠りしてしまうような子どもだったのではないでしょうか。

学生時代も部活に明け暮れたり、好きな趣味に没頭していたはずです。学業に打ち込む時期もあったでしょう。一度目標を決めたら、ぶれずに向かっていくだけのパワーを持ち合わせているのです。

大人になってからも、仕事に、恋愛に、人づきあいに、とエネルギー全開で人生を送っていきます。趣味にのめり込んでしまい、それがいつの間にか仕事や生きがいになってしまうケースもあるでしょう。周囲からも、すごいパワーの持ち主として認識され、一目置かれているはずです。

パワー全開の強い運気

生まれながらにエネルギーに満ちた人ですから、運気もかなり強いタイプです。他の人の2倍や3倍、動き回ってもケロリとしているはず。

体力的には普通だとしても、並はずれた集中力の持ち主だったり、好きなことへののめり込み方が半端ではなかったりと、すごいパワーを秘めているのがわかってきます。

とはいえ、いくらエネルギーが余っているからといって、何にでも首を突っ込むのはおすすめできません。やりたいことが見つかった時、時間が足りなかったりしてやり残し感が出てしまうからです。

70画

前向きの破天荒人生

70は破天荒を意味するナンバーです。

総画70を持つ人は、驚くほど強大なエネルギーを秘めています。ごく普通にやっているつもりでも、考えられないような行動を取ってしまい、驚愕の目で見られることも少なくないでしょう。たとえば、お絵描きをしているのをイメージしてみてくださ い。この人の場合、1枚の絵だけでは何を描きたかったのか、まったくわかりません。

ところが、何枚も描き上げてから、その1枚1枚をつなげてみると、実は壮大な物象を描こうとしていたのが初めてわかる、といった具合なのです。複雑なジグソーパズルを実は描き上げていたというわけです。

そんなタイプですから、一般的なワクに収まるはずもなく、しばしば、ビックリするような行動や発言をやらかして、破天荒さを存分に見せつけてしまうのです。とはいえ、この人の破天荒さには、明るく前向きという特徴があります。また、他人に迷惑をかけるようなことも、ほとんどありません。むしろ、「ここまで頑張れるんだ」と、周囲に勇気ややる気を与えてくれるのです。

年齢を経るにつれて上向きに

運気的には実はそれほど強いわけではありません。もう一つ盛り上がらない運気に、かえってイライラして、ついやりすぎてしまうというのが、この人の本質といえるでしょう。

とはいえ、最初は弱含みだった運気さえも、前向きに取り組もうとする意識によって、徐々に好転させていくことができるのです。したがって、年齢を経るにしたがい、運気はゆるやかに上昇していきます。自分を信じてくれる人がいる、頼ってくれる人がいる、というのも自信につながるタイプです。

71画

大成をなす運勢

71は活躍を意味するナンバーです。

総画71を持つ人は、大きなことを成しとげる運命を持っています。子どもの頃から、スポーツや習い事で大きな注目を集めたり、成績優秀で名をとどろかせたりするかもしれません。また、明るく前向きで面倒見がよく、皆をグイグイと引っ張っていくリーダーとして活躍するケースも少なくないでしょう。

その活躍ぶりは大人になるにつれて、ますます見事なものになっていきます。社会に出ても、成功者として名をほしいままにすることができます。とはいえ、本人は目立ちたいとか、名を成したいという願望は少ないかもしれません。しかし、根がまじめな努力家なので、おのずと名が知られ、ひとかどの人物となってしまうのです。

さらに、社会の一線から退いたあとも、地域のコミュニティでリーダー役を任されたりします。豊富なスキルや知識、そして実行力を備えているのですから、周囲が放っておくはずがないのです。直接の収入に結びつくというより、ボランティア感覚で携わる可能性が高いですが、そのほうが、純粋なやりがいと感じられるかもしれません。

人の嫌がることをいとわずにやる

幸運な運気の持ち主ですが、その運気を強めるのは、他ならぬ本人の思考や生き方によるものです。努力をいとわない、他人が嫌がるようなことも進んでやる、といったことがごく自然にできてしまうところがこの人のすごいところ。

とはいえ、ハメを外したり、失敗をやらかしてしまうことも。そんな経験も自分の糧にして、同じ失敗は繰り返さないし、ハメの外し方も洗練されたものになっていくはずです。

72画 生まれながらの人気者

72は人気者を意味するナンバーです。

画数72を持つ人は、生まれながらに周囲から注目を浴びます。両親はもちろん、祖父母や兄弟姉妹、親類たちが、この人の誕生を今か今かと待っていたはずです。そして、赤ちゃんの頃から、やれお食い初めだの、お誕生日会だの、七五三だのと次々とイベントを催して祝ってくれます。

幼稚園や保育園、小学校、中学校と、この人の周りにはいつも人が集まってきます。その人気ぶりに、やっかみを持つ人もいないとは限りませんが、この人の愛らしさやフレンドリーさが、そんなやっかみさえ、打ち消してしまうでしょう。

とはいえ、いつも人に注目されている自分に、疑問を持ってしまうことも。周囲の期待に応えたい、注目を浴び続けたいという気持ちがストレスにつながる恐れもないとはいえません。

しかし、そんな悩みや迷いも、この人が成長していくためには必要なもの。自分の実力や魅力以上に人気を博していると感じた時点で、本物の評価や能力を得ようと、真剣に努力を始めるからです。

無理なアピールは運気ダウンのもと

強い運気を持って生まれていたことは間違いないでしょう。ただし、周囲に自分の陰に隠れてしまっている人がいるということを、忘れないことが大事です。さらに、人気とは自分が頑張って得ようとするものでなく、他人が自分に与えてくれる評価の一つだと自覚することも必要です。

周囲への気配りや、やさしさを忘れず、ごく自然にふるまうようにしましょう。明るく素直な人柄を心がければ、幸福な人生を歩むことができます。

73画

自分自身を強く信じる人

73は信じる力を意味するナンバーです。

総画73を持つ人は、自分という存在に対して、大いなる興味を持っています。若い頃から、生きるってどういうことなんだろう、自分はどんな人生を歩みたいのだろう、と真剣に考え続けます。

しかも、この人のメンタリティの核には、自分自身に対する強い肯定感があるのです。自分が信じようと思うことはとても大事であり、周囲が何と言おうと、それを実行しようとする、強い意志があるのです。

しかも、この人にはたぐいまれな直観力も備わっているので、信じて向かっていくことや方向性はたいていの場合、間違いなく正しいものなのです。

さらには、「信じる力」が人に向かうケースもあるでしょう。「この人！」と見込んだ人がいれば、徹底的に信じてフォローしてあげる才能を持っているのです。この人のお蔭で、自信を持ったり、サクセスを手にできたりと、うれしい結果を手にする人も出てくるはずです。

信じる未来にまっしぐら

とても強い運気の持ち主です。とはいえ、その強い運気を利用しようとしたり、好運にあぐらをかいてしまっては、幸運は半減してしまいます。この人のよさは、余計なことは考えずに、自分の信じる未来にまっしぐらに立ち向かっていくところにあるからです。そんな純粋さを忘れないことが大事です。

また、「信じる力」を他人に向けた場合、まれに信じるに値しない人だったり、信じ込み過ぎて相手が負担に感じたりするケースもあるかも。それは決して無駄な経験ではありません。この人の人間的な成長をうながす、大きなきっかけになるからです。

74画

幸運の女神がほほ笑む人

74は最高をあらわすナンバーです。

画数74を持つ人は、不思議な魅力の持ち主です。たとえば、同じことを他の人が言ったり行動したりしても、特別な評価をもらえたり、感慨を起こさせることはできないのに、この人がやれば、なぜか周囲の注目を浴びたり、高い評価を得てしまうのです。また、ちょっとしたアイディアや発言が幸運に結びつくことも。不思議とツイている人生を歩んでしまえる、そんな素晴らしい運命の持ち主といえます。

とはいえ、周囲からはちょっと変わった人と思われることもありそうです。ある意味、天然ボケなタイプですが、そこが魅力ともいえます。特別努力しているわけでもないのに、幸運の女神がほほ笑んでくれて、最高の人生を手にすることができるというわけです。

ただし、この「最高」というのは、超がつくようなお金持ちになれるとか、素晴らしいサクセス街道を歩むというのとは違います。まれにはセレブな人生を歩むケースもないとはいえませんが、この人にとっての「最高なひととき」や「ご機嫌な人生」を楽しめる、そんな運命の持ち主だと考えるべきでしょう。

周りから気にかけてもらえる運気

運気的にはそれほど強いわけではありませんが、周囲の人から愛されたり、何かと気にかけてもらえる、そんな運気の持ち主です。大人になってからも、父親や母親が強い愛情で見守ってくれるケースも少なくありません。

また、両親以外の存在が、この人の守護神のごとく、守ってくれるケースも。先輩や上司といった人が、陰になり日向になって、行く末を気にかけてくれたりするのです。周囲への感謝の気持ちを持ち続ければ、自分らしく幸せな人生を歩んでいけるでしょう。

75画

穏やかなおいしい人生

75はおいしい人生を意味するナンバー。

画数75を持つ人は、自分から大した努力をすることもなく、穏やかな運勢を歩んでいけるタイプです。他人と競争して打ち勝とうとか、努力して評価をアップさせようという意識はあまり持っていません。経済的にも恵まれた家庭に育つので、幼い頃から習い事をしたり、学習塾に通ったりするため、学校ではまずまず優等生の部類に。

とはいえ、本人に強い意欲や上昇志向があるわけでもないので、大人になるにしたがって、ごく普通の人になっていく可能性が高そうです。

とはいえ、いつの間にか「普通の人」になってしまった自分にガッカリする日がやってくるのも間違いないところ。ほんの少しでも欲を持ち、頑張らなくては！　という気持ちが芽生えれば、その途端、再び、栄光の女神がこの人にほほ笑みかけてくれるでしょう。何かと得したり、評価を受けたりできる「おいしい人生」が再来するはずです。

弱まる運勢は師に救ってもらう

運気はかなり強いほうです。子ども時代から青年時代は、周囲の称賛を受けたり、引き立てを受けるといった、幸せな時代が続くでしょう。問題は、その強運が徐々に弱まってきてからです。自分の才能や魅力を引き出してくれるようなパートナー、上司、先生といった存在を見つけることができれば、再び強運を取り戻して、陽のあたる場所に身を置くことができます。

職場での評価が低すぎると感じるのであれば、異動を申し出たり、転職も一つの方法。「おいしい人生」を享受したいなら、風通しのいい人間関係を築き、それなりの努力をいとわないことが大事です。

76画

柔軟な発想の持ち主

76は発想力を意味するナンバーです。

画数76を持つ人は、柔軟な思考力の持ち主です。皆が当たり前だと思っていることに対しても、つねに疑問を持ち、自分なりに考えて答を出したいと思うタイプです。

子ども時代のこの人は、「ねえ、どうして？」「なぜなの？」といった質問をいつも口にして、周囲の大人を閉口させます。自分が興味を持ったことはとことん追求しないと気のすまない傾向もあるでしょう。しかも、この人は想像力の翼を広げる才能も持ち合わせています。多くの知識を取り込み、自分の力で考え、工夫し、想像していくという素晴らしいパワーの持ち主といえます。

大人になるにしたがい、周囲との差異が際立ってくるでしょう。でも、自分が他人と違っていることを不安に思う必要はありません。この人の知恵や想像力を生かす場所が、間違いなく見つかるからです。社会的にも認められ、地位や名誉を手にする可能性も十分にあります。

発想力を磨く訓練を

想像力と発想力は似ているようで、実は違います。想像力は自由な意識を飛ばして、自分なりのイメージを描いていくということ。したがって、何を考えてもいいし、想像したもののレベルは問われません。しかし、発想力は周囲から認められたり、役に立つような想像である必要があります。

発想力を手にするためには、鍛錬が必要となります。この人が子ども時代に繰り返す「なぜ？」という疑問の数々も、実は発想力を磨くための訓練なのです。無意識のうちにその訓練ができる生まれであるだけ、この人の運気も強いと言えるのです。

77画

自然体を愛する人

77はナチュラルを意味するナンバーです。

画数77を持つ人は、自分自身を大切にしたいという気持ちを強く持っています。そして、自分なりの考え方ややり方といったものに対する自覚がとても高いのです。とはいえ、それは自分の考えややり方に固執するというのとは全く違います。むしろ、自分がラクにできる程度で、自分なりの人生をゆっくりと育んでいきたい、と考えているのです。

実際に、化繊よりは木綿が好きだったり、香水よりもハーブや石鹸の香りのほうが好き、といったナチュラル志向の持ち主の可能性も高いでしょう。また、ファッションもデザイン性や流行よりも、着心地や動きやすさを重視したものを選んだり、派手な色合いは苦手だったりするかもしれません。

そんなナチュラル志向は、人間関係にも影響を及ぼします。自己主張が強かったり個性的な人とは長続きせず、お互いを尊重し合えるような、フレンドリーな相手とのつながりを求めます。

ナチュラル志向を貫いて

目立つことや自分の意見を声高に主張することが称賛される時代にあって、たとえ地味でも自分らしくというナチュラル志向を貫くのは難しいもの。しかし、この人に限っては、あまり大変だとは感じられないでしょう。むしろ、注目を浴びたりするほうが、この人にとっては居心地が悪いのです。そんな究極のナチュラル志向ができてしまうのが、この人の運気が強いからに他なりません。

自分が好むと好まざるとに拘わらず、この人の考え方や生き方、ライフスタイルといったものに魅力を感じる人も少なからずいるはずです。そんな人たちの間ではカリスマのように崇められるでしょう。

78画

運命を信じる人

78は永遠を意味するナンバーです。

画数78を持つ人は、ロマンティックな魂の持ち主です。自分がこの世に生を受けたのは、きっと何か意味があるのだろうと考えて、運命というものを心から信じています。この両親の元に生まれ、この国やこの土地に暮らしていることにはきっと深い意味があるに違いない。そして、友人や好きな人とは、きっと深い縁で結ばれ、出会う運命になっていたのだろうと、密かに思ったりします。

そんなロマンティックな思考を持っているのは、自分を広大な宇宙の一部だと信じているからです。そして、生まれる前や死んだ後も、消えてなくならない心、魂といったものを感じているから。この人には「永遠」というものが感じられるのです。人生や命は所詮はかないけれど、それだけではない神秘的な何かがあると、この人は知っているのでしょう。夜空に輝く星の光が、気の遠くなるような時間を経て地球に降り注ぐ、そんな空間の中に、この人は生きているのです。

永遠を信じることで強まる運気

この人の運気は、それほど強いわけではありません。この人が永遠に変わらない愛や友情について語ったりするのを、鼻で笑う人も少なくないでしょう。しかし、失笑されたり否定されたりすればするほど、逆に、この人の心は強くなっていきます。

鍛えられるにしたがい、運気もさらに強まっていくのです。その上、この人が語る「永遠」は、周囲の人たちを勇気づける効果も持ち合わせています。最初は鼻で笑っていた人も、だんだんと「もしかしたら、永遠もあるのかも…」といった気持ちになり、永遠を夢見ることができるようになるからです。

79画

希望の灯りを絶やさない人

79は希望をあらわすナンバーです。

画数79を持つ人は、つねに心に希望を抱いていいます。つらいことがあっても、苦難ばかりに遭遇していたとしても、決して希望を捨てることはありません。皆が絶望していても、この人だけは顔をあげて、前を向いていくことができるのです。

この人が希望の灯りを絶やさずにいられるのは、親ばかりでなく、親戚や近所の人、教師や友人、先輩や後輩といった、大人になるまでに出会った人から、惜しみない愛情を受けてきたと感じられるからこそ、心がいつもポカポカとしているのです。存分に愛されてきた、大事にされてきたという実感や充足感が、希望というランプが灯され続ける原料となっているのでしょう。そしてもちろん、周囲の人もそのランプの灯りのおかげで、何かと励まされたり、勇気をもらうことができるはずです。

乗り越えられない苦難はない

とても強い運気の持ち主です。しかも、希望の灯りを灯し続けていくことで、運気はますます強くなっていくでしょう。とはいえ、運気は強くなっても、悩みやトラブルが少なくなるわけではないかもしれません。むしろ、運気が強まるにつれて、この人を襲う荒波や嵐も強まっていく可能性が高いでしょう。

でも、心配はいりません。乗り越えられないような苦悩や困難など、決してあり得ないからです。また、この人が周囲の人たちを励まし、勇気を与えるように、同時に周囲から助けられることも多いでしょう。手を差し伸べられた時は素直にその手を取ってください。「ありがとう」という感謝の言葉と共に。それがさらなる幸運を招くポイントです。

80画

素晴らしい王道の人生

80は王道を意味するナンバーです。

画数80を持つ人は、素晴らしい人生を歩むことができるでしょう。愛情あふれる両親の元で生を受け、幸せな子ども時代を過ごすことができます。整った環境に育ち、習い事や趣味を自由にやらせてもらえたり、英才教育を施してもらえるケースも。ごく一般的な家庭に育ったとしても、有能な教師に出会ったり、何かと目をかけてくれたり引き立ててくれる人がいたりと、陽のあたる場所へ、よりよい人生を歩めるコースへと導いてくれるはずです。

また、自分にとってプラスになる人と、そうでない人とを本能的に見抜く能力を持っています。マイナスになりそうな人には基本的に近づかないし、接近してきても相手にしない、そんな交際術を駆使できます。

さらには、自分の人生をどうデザインしていくかにも、若いうちから目覚めます。その結果、自分の能力をうまく生かして、自分が必要とされ、評価を受ける場所を見つけることができるでしょう。自分らしい王道の人生を歩むことができるのです。

不運を未然に防ぐことができる

生まれながらに強い運気の持ち主です。その強い運気が発揮されるのは、アンラッキーやトラブルに際した時。降りかかりそうな危険や困難をいち早く察知して、未然に防ぐことができるのです。そのお蔭で、この人自身はもちろん、周囲も助けられることになるでしょう。

ただし、自分の能力を過信すると、せっかくの強運も急に影を潜めてしまうので気をつけましょう。あくまでも謙虚な気持ちでいること、そして周囲に対して誠実な気持ちで臨めば、光り輝く人生が約束されています。

第3章　名前の画数で知る「愛と結婚」「人間関係」

「名前」に隠された神秘のパワー

この章では、あなたの「名前」に隠された神秘のパワーを解き明かしていきます。おもに恋愛・結婚、対人関係をみていきます。

出し方は、とても簡単。名前の画数を合計すればOKです。

たとえば、「有希恵」さんの場合、

有（6画）＋希（7画）＋恵（10画）

＝6＋7＋10＝23

名前の画数は、「23」。

なお、名前の画数が41以上の人は、41⇒1、42⇒2と、順繰りに折り返してください。

したがって、47⇒7、51⇒11、55⇒15、61⇒21、といったパターンになります。

「名前」とは、あなただけにつけられた特別のしるしであり、親からの最高の贈り物です。そこには、すくすくと成長してほしい、幸せな人生を送ってほしい、という温かな願いが込められています。

特に、姓名判断では、名前は個人の「命運」に深く関わっていると考えられています。つまり、あなたのプライベート面での運命を司るものであり、特に恋愛や結婚、友人関係や対人関係といった方面での運勢や傾向を教えてくれるのです。

この章では「愛と結婚」「人間関係」の2項目に特化して、徹底的に解説しています。

さらに、SNSなどで、別の名前を持っている人も少なくないでしょう。本名とは違う名前が持っている運命にも、思いを馳せてみてください。

新たに、ハンドルネームを作りたい人にも、きっと、この章が参考になるでしょう。

1画

高い理想を持つ

画数1を持つ人は、愛情や結婚に高い理想を持っています。外見にこだわるケースも多く、周囲から「素敵な人だね」とほめ称えられるような相手でなければ、恋愛対象にならないと考えているはずです。

また、外見重視でなくとも、同じような価値観や恋愛観を持っている人でなければ、好きになれないと考えているでしょう。似たような職業につき、同じようなライフスタイルを共有できる相手が理想。相手の学歴や家族の財政状況も重要な条件です。

さらに、出会った瞬間、ピピッとくるものがなければ、そもそも恋に落ちないタイプといえます。

結婚に関しても、理想に見合わない相手とウエディングベルを鳴らすことなど、あり得ないでしょう。理想の相手に巡り合えなければ、無理に結婚する必要などない。そもそも、理想の人に出会える可能性がないなら、生涯独身でもかまわないと考えている人も少なくなさそうです。

うそのない関係

誠実で裏表がなく、うそのない関係を築きたいと、この人は考えています。自分を飾りたてたり、よく見せようという気持ちは少なく、ありのままの自分を受け入れてくれる人間関係を望んでいるはずです。とはいえ、画数1の人はプライドの高さも人一倍です。したがって、自分を下に見る相手やなめてかかってくる相手には、敢然として立ち向かいます。

根本的に単純で素直な人なのですが、強気の姿勢が災いして、誤解を受けることもありそう。時間をかけて人間関係を築いていけば、徐々にこの人の実直さが認められ、スムースな人づき合いができるようになります。

2画

ほれやすいタイプ

人を好きになるのに特に理由はいらないと、この人は考えています。基本的に性善説の人であり、たとえ初対面であっても、きっといい人に違いないと思い込んでしまうようなところも。

しかも誰に対してもやさしく好意的に接するので、その好意が恋愛に変わるまでにさほど時間もかからないでしょう。一言でいえば、ほれやすいタイプなわけです。

とはいえ、きっと素敵な人だと思い込みたいという願望は、恋をした相手しだいでよくも悪くも変わります。感受性や価値観が自分と似ていて、しかも思いやりにあふれた相手と恋に落ちたなら、最高の恋愛を経験することができるでしょう。

しかし、相手が身勝手で思いやりのないタイプであれば、残念ながら幸せをつかむことが難しくなってしまいます。結婚も同様と考えればいいでしょう。この人自身が幸福感を感じることができて、無理せずつき合える相手であり、周囲も結婚に賛成してくれるなら、間違いなく素晴らしい結婚生活を送ることができるはずです。

年長者に可愛がってもらえる

人柄もよく、誰に対してもやさしく親切に接することができるので、周囲から愛される存在となるでしょう。特に年長者から可愛がってもらえるはずです。自分からも少しでも皆の力になって頑張りたい、尽くしたいという気持ちを持ち続けていけば、対人関係で悩むことはまずないでしょう。

ただし、そんな人気者のこの人を、快く思わない輩もいないとは限りません。皆が皆、いい人ばかりではないし、やさしいわけでもないということは、頭の片隅に置いておきたいものです。

3画

こだわりのない相手選び

「一人よりは誰かと一緒にいるほうが人生は断然楽しい」というのが、この人の根本的な意識です。

したがって、好きな人や気の合う人と生活したり、一生をともに過ごす結婚という形式も、この人にとってはごく自然なものといえるでしょう。

相手選びに対するこだわりも、それほどありません。別に好きでたまらない相手でなくってもかまわない、というのが本音でしょう。むしろ、同じ話題で盛り上がれるとか、一緒にいて緊張しなくてすむといったことが、この人にとっては大事なはずです。

恋愛関係から結婚へのプロセスも、できるだけ自然の流れに添っていきたいと考えています。とはいえ、たとえ長年つき合っていても、相手に結婚する意志がないと感じたなら、ある日突然、別れを告げるケースもあります。「結婚＝一緒に人生を歩むこと」と考えているので、他の人と人生を共にするほうが幸せだと気づいてしまうから。長年つき合った恋人と別れたすぐ後に、他の人と結婚して周囲をビックリさせることもありそうです。

衝突を避けたい

波風立たせずに誰とでもうまくやっていきたいと、考えています。バランスのとれたタイプなので、相手によって接し方を少しずつ変えながら、ソフトな関係を築いていくことができるでしょう。何よりも恐れているのは、相手と衝突することです。

相手が強気で居丈高なタイプの場合、つい相手の顔色をうかがい、機嫌を取るような行動に出たり、上下関係を作ってしまうこともありがち。面倒な相手だと感じたら、距離を取り、あえて嫌われることも辞さない態度も、時には必要といえます。

4画

ドラマティックな恋に落ちる

この画数を持つ人にとって、恋愛や結婚は特別なものであり、とても崇高なものです。

したがって、誰かを好きになるためには、何らかの重要な理由がなければいけないと考えているでしょう。たとえば、皆から尊敬され慕われるような素晴らしい相手であるとか、運命的といえるような出会いといったシチュエーションなしには、恋に落ちることはないはず。たまたま一緒にいることが多いからとか、何となく好きになる……といったケースは、この人にとって決して恋とはいえないものなのです。

したがって、たとえば旅先でトラブルに遭遇して困っていたところに、救世主のように相手が現れて、親切にされ、窮地を脱するといったシチュエーションは最高のはず。もちろん、その後ほどなく、二人は再会して恋に落ちるのです。

その延長線上に、結婚というイベントが待ち構えていれば言うことなし、といえるでしょう。運命的という意味では、外国の人とか、年の離れた相手というのも、ドラマティックに感じられるはずです。

自分から行動できない

自分の気持ちをなかなか表に出さず、言葉も少ないために、周囲の人となじむには時間がかかるタイプといえるでしょう。とはいえ、孤独が好きというわけでもなさそう。気の合う友人がほしい、皆と楽しくつき合いたいと思っていますが、根がシャイなために自分から胸襟を開いていくことができず、誰かが声をかけてくれるのを待っているのです。

とはいえ、一度仲良くなって心を許した相手に対しては、忠誠を誓うタイプです。相手が困っている時には、自分を犠牲にしてでも救ってあげたいという、深い献身も持ち合わせているのです。

5画

居心地のよい相手がいちばん

楽しい交際というのが、この人の基本的な恋愛コンセプト。一緒にいて楽しく話が盛り上がる相手でなければ、見た目や性格がよくても恋人にふさわしいとは感じられないはずです。

同じ趣味や感覚の持ち主もいるかもしれませんが、意外と自分とまったく違うタイプのほうがスリリングで盛り上がるようです。相手の思いもよらない反応に、快感や刺激を感じてしまうのです。

とはいえ、ワクワクドキドキの恋愛期間が過ぎていくにしたがい、愛情が減少していく可能性も十分にあります。

そんな恋愛の危機を乗り切れるかどうかは、意外と「でも、やっぱり好き！」というひたむきな感情だったりするはず。お互いに、理解し合えないところもあるけれど、やっぱり好きだと思ってしまうことができれば、恋も長続きします。

恋愛と結婚は本来、別ものと考えているので、居心地のよい家庭を作れる相手を選ぶケースが多いでしょう。結婚そのものにあまり意義を感じない人もいて、シングル生活を謳歌する可能性もあります。

自分を気にかけてくれるかどうか

人間関係を築いていくために大切なのは、あくまでも自分がつき合いたい相手かどうか、だと、この人は考えています。その基準は第一に自分が好きなタイプの人であること、第二に、興味を感じられ、親しくなってもっとこの人を知りたいと思えること。

第三に、自分のことを気にかけてくれたり、面倒を見てくれたりする相手であることです。第一および第二の基準は、この人らしい独断といえますが、第三の基準は意外と気弱でセンシティヴな一面があることを示しているのです。

6画

誰もが好感を持つ

愛される能力がバツグンに高いのが特質です。出会う誰もが好感を抱くでしょう。

その好意が愛情に変わるケースも決して少なくないはずです。相手から自分が特別に好意を持たれていると感じることで、徐々に相手を意識し始めるでしょう。自分から好きになるよりも、相手から愛情を示されて、恋が始まるタイプといえます。

強引に押しまくられてそのまま結婚に至ることも少なくないでしょう。ただし、相性がよいかどうか、思いやりが深く、生涯、自分を愛してくれるタイプかどうかは、きちんと見極めることは必要です。

たいていの場合は、誰よりも強く愛されているという実感がますますこの人を輝かせ、魅力的な人間へと成長させるのですが、たまには、釣った魚にはエサをやらないとばかり、結婚後、ほったらかしにしてしまう相手もいないわけではありません。万が一、そんな相手と結婚してしまったなら、早めに縁を切って新たな出会いを探すほうがよいでしょう。次の相手も特に苦労せず、すぐに見つかるはずですから。

時にはえこひいきされることも

愛される能力に富んでいるタイプですから、何かと気にかけてくれたり、チヤホヤしてくれる人が周囲に何人も現れます。特に努力しなくても、ニコニコしていれば、スムーズな人間関係を築いていけるでしょう。ただし、その中にはこの人を独占しようとする輩もいないとは限りません。

たとえば、上司から何かと特別扱いされるために、同僚や後輩が不満を感じるようになってしまい、だんだん疎外されてしまう、といったケースも考えられます。えこひいきされていると感じたら、上手に距離を取ることも、時には必要です。

7画

個性的な相手に惹かれる

好きになったら、とことん追いかけていく、情熱的な恋愛をしたいと望んでいます。

とはいえ、この人が好きになるのは、意外と周囲が「どこがいいのか？」と首を傾げたくなるケースが多いでしょう。見かけがよいタイプとか、明るくて一緒にいて楽しいタイプといった、一般的にモテる相手には、どうやら、この人はなびかない傾向があるからです。

むしろ、気難しくて話しかけにくそうなムードを持つタイプとか、個性的な言動やファッションを好み、周囲がちょっと引いてしまうようなタイプが、この人にとっては好みだったりしそうです。

交際がスタートしたあとも、風変りな恋愛の傾向は変わりません。ただ、この人が幸せそうであり、相手もまんざらではないようであれば、その恋は長続きすること間違いなし。お互いのよさは自分たちだけが知っていればいいのだ、という二人の世界が展開されていくでしょう。遠くない未来にウエディングベルを鳴らす日がやってくるかもしれません。

理解してくれる人には親密に

誰とでもうまくつき合っていこうという気持ちは、この人にはあまりないようです。むしろ、本当に自分のことをわかってくれる人とだけ、親密な関係を築き上げたいと考えているかのように見えるでしょう。とはいえ、意外にフランクな一面も持っているので、話し込んでみると、案外仲良くなれるケースも少なくありません。

実はシャイで照れ屋な自分を隠したくて、バリアーを張っていることに、自身が気づいていないケースもあり得ます。そのバリアーを破れれば、円滑な人間関係が始まるのです。

8画

恋に慎重な姿勢

恋愛や結婚に対して、とても真面目な姿勢を持っているのがこの画数の人です。

好きになるには、相手をそれなりに理解することができ、相性もまずまずで、うまくつき合っていけそうな相手でないといけない。それらの条件に合わない相手は、恋愛の対象にならないと真剣に考えています。その慎重な姿勢ゆえ、なかなか恋人ができずに悩むケースもあるかもしれません。

しかしその反面、合格点を出せるような相手に巡り合えれば、あっという間に恋に落ちてしまうでしょう。恋人選びの時点では冷静で理詰めなのですが、恋に落ちてから以降は、自分の直感や感情のおもむくままに進むのです。

しかも、この人の直感はかなりの確率で高い得点力を持っています。「この人なら!」と思える相手に巡り合えたなら、急に大胆になって、自分からリードしていくケースも少なくないでしょう。好きな相手がなかなかプロポーズしてくれないなら、自分から結婚を申し込むこともいとわないのです。

いったん心を許せば献身的に

自分の気持ちを素直にあらわすのが苦手なために、気難しい人とか、つき合いにくい人と思われることもあるでしょう。でも、本当はとても親切でやさしい人柄の持ち主です。ただ、自分がいい人っぽいムードを演じることに抵抗感があるため、逆にポーカーフェイスになってしまったり、クールな態度を取ってしまうのです。

いったん、心を許した相手には実に献身的になり、自分にできることなら何でもしてあげたいという、やさしさを示すことになるでしょう。最高の親友となるタイプなのです。

9画

互いに対等でありたい

恋愛感情よりも、人と人とのつながりを大事にしたいタイプです。

特別な関係を築くよりも、まずは人間同士とつき合っていきたいというのが正直なところでしょう。お互いを理解し合い、リスペクトし合えるような関係を築くことができて、さらにプラスアルファの魅力を感じることができたなら、恋人同士になってもいいと思っているのです。

お互いに対等でありたいという意識が強く、恋人同士になったからといって、相手を縛るのも、自分が束縛されるのも嫌だと考えます。すでに恋人がいても、他の相手と恋に落ちると言ったケースもありそうです。とはいえ、浮気っぽいとか気が多いというわけではありません。むしろ、真剣に愛する気持ちが強い分、なれ合いを嫌うのです。

結婚に関しても、あまり魅力を感じていないようです。無理に結婚という形式を取らなくても、お互いの信頼関係があれば十分に満足できると考えているからです。

いい距離感を持っている

一人一人、相手によってつながり方は違うというのが、この人の持論です。たとえば、Aさんとは趣味が同じで情報交換をするのが楽しいからつき合っているのだし、Bさんとはたまたま職場が一緒で同僚だから話をするのだ、といった具合です。それぞれの相手に対して求めているものが違うのだから、相手への不満もないし、基本的にスムーズな人間関係が築けるでしょう。

ただし、この人にとっては単なる趣味仲間でも、相手の方は趣味を通じてもっと深い人間関係を作りたいと考えている可能性もあります。

10画

いろんなタイプとつき合いたい

とりあえず、いろんなタイプの人とつき合ってみたい、というのがこの人の特質です。

おしゃべりが楽しい相手、デートの演出が上手な相手、趣味がよく似ている相手、自分とまったく違う性格や考え方を持つ相手、自分のことを本気で好きになって、愛してくれる相手、といった調子で、恋愛に対する夢はどんどん膨らんでいくでしょう。とはいえ、実際には3人もつき合えば、自分がどんな恋愛をしたいのかが徐々にわかってきます。

その恋愛とは、案外シンプルで、自分と気が合って好きになれるタイプであればOKということにつきます。いくら相手が真剣に、熱烈に愛してくれたとしても、自分が本気で好きになれないと、恋は長続きしないでしょう。

結婚も同様で、好きだから一緒にいたいとシンプルに思える相手かどうか、が決め手。ただし、人の気持ちは変わりやすいもの。好きな気持ちが続きそうかどうかを、しっかりチェックしてからウエディングベルを鳴らせば、幸せになれます。

フレンドリーな気軽さが持ち味

好奇心旺盛でフレンドリーなタイプで、いろいろな人と友だちになりたいと考えています。初対面でも気軽に言葉を交わすことができ、すぐに昔からの友人のように接することができるでしょう。この人の交友の広さに、周囲は驚くこともしばしばです。

しかも、この人のいいところは、相手の職業や年齢といったものに頓着しないところ。誰に対しても平等でフレンドリーにつき合えるのです。ただし、相手によっては自分を年上扱いしない、などの不満を抱える人もいないとは限りません。そんな相手には多少の気遣いも必要となるでしょう。

11画

ロマンティックな夢を持つ

恋愛に対するロマンティックな夢を抱いているタイプです。思春期になると、急に異性への興味が増して、気になる相手を探します。

同時に自分にふさわしい相手はどんな人なのだろう？　将来、どんな人と結ばれるのだろう？　といったことに思いを馳せ、友人と語り合ったりします。

また、自分の外見や魅力に関しても、真剣に考えるようになります。おしゃれへの関心度も高く、いわゆる女子力や男子力の高いタイプといえるでしょう。

とはいえ、実際に好みの相手が現れても、言葉を交わすどころか、目も合わせられないといったシャイな一面もうかがえます。そのため、目指す相手に思いが伝わらず、片思いが長くなったり、なかなか恋人ができないというケースもあるでしょう。そんなもどかしい10代から20代を経験したあと、やっと自分なりの恋愛観が持てるようになり、相手選びもスムースにいくようになるはずです。「この人！」と感じる相手に出会って以降は、すんなりと結婚へのスタートダッシュを切ることになるでしょう。

相手の出方をさぐる傾向

相手によく思われたい、嫌われたくないという気持ちが人一倍強いため、つい人の顔色をうかがってしまう傾向があります。でも、相手がどんな人なのか徐々にわかってきて、しかも自分を受け入れてくれると確信できた途端、急に甘えん坊になったりするでしょう。

気を許せる相手にはやさしく接することができたり、素の自分を出せるのですが、ソリが合わないと感じると、クールになり、無表情になってしまいます。誰に対しても心を開いてみれば、新たな出会いも増えて、人間関係も広がっていくはずです。

12画

年を経て進化し変化する恋

一緒にいて楽しく感じられる相手かどうかが、恋愛対象を選ぶ上でのポイントだと考えるのが、この画数を持つ人の特徴です。

せいぜい10分も話していれば、自分にとって、その人が好ましいかどうかはだいたいわかってしまうからです。その意味では、感覚的に好きな人を見分けるタイプといえるでしょう。ただし、感覚というのは、いつも同じとは限りません。むしろ、その時の気分や、さまざまな経験を経ることによって変化するもの。したがって、20歳の時に好ましいと感じた相手と、30歳で好みだと感じる相手が、まったく違うタイプだという可能性も十分にあります。

そう、この人の恋愛は、年齢を経るにしたがって進化し、変化していくのです。それは趣味や嗜好が変わるのと似ているかもしれません。したがって、自分が一緒にいて楽しい恋人のタイプが変わるのもごく自然なこと。同様に、結婚相手も一生添い遂げていけるかどうかは、自分と同じように相手も変わってくれるかどうかにかかっているわけです。

タイプが反対の人に興味が持てない

楽しくつき合えるかどうか、趣味や嗜好が似ているかどうかで、相手への対応も変わります。自分と全然違うタイプの人には、興味が湧いてこないというのが、この人の正直な感想かもしれません。

とはいえ、時間を共有する以上は、相手を楽しませたいというサービス精神も十分に持っていますから、職場や学校、サークルといった組織や共同体の中では、フレンドリーで明るい人というイメージを抱かれて、人気者となるはずです。ただし、サービス精神を発揮しすぎて、逆にこの人自身がストレスを感じるケースもあるので気をつけましょう。

13画

自然の流れの中で

無理に愛情を盛り上げるのは好ましくない。あくまでも自然な流れの中で好意を感じることができて初めて、恋愛感情は生まれるものだ、というのがこの画数を持つ人のモットーです。

周囲が、あの人が素敵だの、カッコいいだのと騒ぐような年齢になっても、ちっとも興味がなさそうに見えるでしょう。実際に、思春期を迎えてもまったく異性に興味を示すこともなく、部活や趣味に熱中していたりするかもしれません。そして、いつの間にか20代や30代になっても、誰ともつき合ったことがないというケースもあり得るでしょう。

とはいえ、それは恋愛に縁がないということではありません。むしろ、ある日突然に、この人の元に恋の天使が舞い降りる可能性は十分にあるのです。ごく普通に接していた相手やただの友人だった相手にときめきを感じたなら、それがこの人の恋愛時間のスタートです。無理なく愛を育んでいくことができたなら、その先に結婚という希望の二文字も程なく浮かんでくるはずです。

大人のつき合いができる

クラスメイトであれ、同僚であれ、できるだけ無理せずにつき合っていきたいと思うタイプですから、相手との距離感を大切にします。したがって、出会った頃はあまりにそっけない人というイメージを与えるかもしれません。

でも、お互いのことが徐々にわかってくると、この人の飾らない人柄が見えてくるはずです。とはいえ、人に甘えたり頼ったりするのは苦手なタイプですから、親しくなってもやっぱりクールなつき合いになるでしょう。お互いの考えや価値観を認め合いたいという、大人のつき合いを好む人なのです。

14画

恋愛と結婚は別もの

恋愛と結婚は別のものと、この人は考えています。とはいえ、好きになった相手と結婚したくないというわけではありません。ただ、周囲の反対を押し切ってまで結婚するとか、人生の長い時間を共に共有していける相手でないと結婚は難しい、ということを、この人は本能的に知っているのです。

本来オープンな性格ですから、いろいろなタイプの人とつき合ってみたい、という願望は強いでしょう。しかも、恋人に望むこともかなり多く、大いに恋愛を楽しみたいと思っています。相手に物足りなさを感じるようになれば、すぐに恋人関係を解消して、次の恋を探すようなところもあるでしょう。刺激や変化のない恋も、この人を退屈させるはずです。

ところが、いざ、結婚話が出ると、急に慎重になるのです。まずは、本当にパートナーとしてやっていけるかどうかをしっかりと見極めたいと考えるからです。両親や信頼できる友人の意見も参考にするはずです。もちろん、どんな夫婦になりたいか、経済的な面や将来性といったものも納得できてはじめて、結婚に踏み出すのです。

さまざまなタイプの友人を持つこと

いたってオープンな関係を築きあげていきます。自分と価値観が違っていたり、個性的なタイプの人とも気軽につき合うことができます。むしろ、自分と同じようなタイプばかりを周囲に集めてしまうと、だんだんとウンザリしてくるでしょう。

したがって、生真面目で遊び心がなく、四角四面なタイプは基本的に苦手です。よくもこれほど変わり者ばかりの友人を集めたものだと、周囲は思うかもしれません。でも、よい意味での違和感が刺激となり、この人を成長させてくれるともいえそうです。

15画

恋愛をレジャーと考える

この人は恋愛を最高に楽しいレジャーだと考え、スリルや刺激、快楽といったものを求めます。自分とまったく違う性格や考え方の持ち主に出会って、今まで知らなかった新たな世界を体験するのも楽しい恋愛の一つだと考えているでしょう。

また、同じ趣味や嗜好を持ち、二人だけの世界にどっぷりはまって楽しむような恋も、また楽しいと感じるはずです。したがって、その時々つき合う相手によって、ファッションスタイルから、よく行くお店まで違ってしまうのですが、「それもまた楽しくていいんじゃない?!」といった、大らかな感覚を持ち合わせているのです。

とはいえ、何度も恋に落ちて学習しているうちに、自分にとってどんなタイプがいちばん合っているか、いちばんラクにつき合えるかがハッキリしてくるでしょう。つまり、理想の恋愛スタイルが見えてくるのです。そこから、結婚へと移行するのは案外早いはずです。

ただし、本来は結婚という形式にこだわらない方ですから、お互いをパートナーとして認め合い、籍は入れずに一緒に暮らすというケースもありそうです。

フランクなつき合いにも気遣いを

来るものは拒まず、去る者は追わずのスタイルが、この人のモットーです。気軽に連絡を取り合える友人と楽しい時間を過ごすでしょう。また、趣味の友人、旅行に出かける友人、人生を語り合う友人といったように、相手によってつき合い方を変えたりするケースもあるでしょう。友人が紹介してくれた人とウマが合い、元の友人抜きでつき合ったりするのも平気。ただし、友人によっては自分がないがしろにされていると感じる可能性もあるので、多少の気遣いも必要です。

16画

独立心旺盛な人と懇意に

恋愛や結婚に対して、特別な意識はありません。興味がないと言ってよいでしょう。

一人でいることにさほど不便も感じなければ、寂しいと感じることも少ないからです。とはいえ、恋をしないというわけではなく、合コンとか婚活といったことに意味を感じていないだけ。ある日突然、「なんて魅力的な人だろう!」と思った瞬間には深い恋に落ちるはずです。

そして、相手とのコミュニケーションをはかることに急に熱心になるでしょう。強引なアプローチを仕かけることもありそうです。とはいえ、どうあがいても相手にその気がないとわかると、急に恋心は冷めてしまうかも。幸運にも、スムースに恋が実ったならば、人生最大の恋愛を満喫できます。

選んだ相手が自分と同様、独立心旺盛で一人で生きていけるというタイプであれば、一緒にいる楽しさも増し、結婚へと突き進むケースも十分あります。

生涯の友人を得る

独立心旺盛で他人に頼ることを好ましく思わず、群れたがらないタイプです。組織の中においてもフレンドリーに周囲と接するといったことはあまりやらないでしょう。とはいえ、自分と同じような、一人でいることが苦にならず、適度な距離感を保てる人が現れれば、よい友人になることができるでしょう。長くつき合っていくうちに、二人は親友関係を築きあげることになります。

たとえお互いの環境がガラリと変わり、何年も会わない状況が続いたとしても、再会すれば、昨日会ったかのごとく、おしゃべりに興じることもできるでしょう。友人の数は少ないかもしれませんが、生涯を通じての真の友情を育てていけるタイプなのです。

17画

結婚は人生の一大事と考える

恋愛や結婚を人生における重大事だと考えているタイプです。人は皆、誰かを好きにならずにはいられない存在であり、何度かの恋を経験して、泣いたり笑ったり、もがいたり悩んだりしながら成長していくものだと考えているでしょう。

初恋もかなり早く、幼い頃から、周囲の異性を意識するはずです。ただし、恋愛そのものに対しては、どちらかというと受け身のようです。相手が自分を受け入れてくれるかどうか、慎重に見極めたいという気持ちも強いのです。このため、若い頃の恋は、片思いの一方通行に終わることが多そうです。

とはいえ、何度かの恋を経験することで、自分にとってふさわしい相手、自分が無理せずつき合える相手がだんだんとわかってくるでしょう。そうなればしめたもの。趣味や人生観が自分にぴったりくる相手が見つかるでしょう。そんな相手とつき合っていけば、自然と結婚話も浮上してきます。さらに、同じ価値観や人生観を共にできるパートナーを選ぶことになるので、安定した結婚生活を送ることもできるでしょう。

相手の懐に素直に入れる

人懐こくて誰からも愛されるタイプです。恋愛に対しては臆病なところもありますが、人間関係に関しては相手の懐に素直に入っていけるからです。

したがって、職場でも学校といった組織でも、皆の潤滑油的な存在として重宝がられるはずです。ただし、あまりいい人ぶりを発揮してしまうと、ストレスをため込むケースもないとはいえません。時には、嫌なことはちゃんと「ＮＯ！」という必要もあるでしょう。面倒なことばかり押しつけられる、といった事態はやはり避けたいものです。

18画

自分の恋愛観を確立して

かなり惚れっぽい傾向があり、好きな人が目まぐるしく変わるようです。でも、それは相手のいい面ばかりに目がいくからではないでしょうか。

自分と気が合うかどうか、自分にふさわしい相手かどうかといったことまで考えられず、相手の個性や魅力ばかりにクラクラしてしまうせいでもあります。とはいえ、恋をするというのは、自分にとって唯一無二の相手を探すプロセスともいえます。

したがって、あの人もいいけど、この人も、と思ったり、恋が長続きしないような状況は、まだ本物の恋を味わっていないしるしです。本物の恋に出会うためには、自分なりの恋愛観を確立する必要があるでしょう。たとえば、どんな交際がしたいのか、相手にはどんなことを求めているのか、どんな関係を続けていきたいか、といったことが明確になれば、間違いなく素晴らしい恋が訪れるはずです。

結婚も同様のことが言えます。一緒に人生を共にしていきたいと心から願える相手が現れたなら、迷うことなくウエディングベルを鳴らせるでしょう。

フレキシブルな行動でふれ合う

広く浅くつき合っていくタイプなので、さまざまな人間関係を楽しむことができます。まったく違う価値観や趣味を持っている人でも、気軽に受け入れる柔軟性を持っているのです。職場でも学校といった組織の中でも、一つのグループに縛られず、自由にいくつかのグループを行き来することができます。

ただし、そんなフレキシブルな行動を嫌う人もいるかも。組織内の抗争のようなものに巻き込まれて態度を決めるように説得される、といったケースもあるでしょう。無理のない範囲で、自分の意志表示をすることも大事です。

19画

愛するより愛されることを選ぶ

自分から愛するよりも、相手から愛されることを幸せと考えるタイプです。

自分がどう映るか、魅力的な存在だと思ってもらえるかどうかを、かなり気にするでしょう。もちろん、気遣いも相当のものなので、愛を告白されたり、交際を申し込まれるチャンスも多いはずです。

そして、交際相手が見つかると、自然と相手の好みに変わっていきます。相手が喜ぶことをしたいという気持ちが、この人には人一倍強くあるからです。

とはいえ、相手好みに変身することが苦痛なわけでもありません。感化されることが楽しいと思うことも多いでしょう。ただし、自分が心から望まないことは、受けつけないことも大事。たまには、ノーを言えることが、交際を長続きさせるカギとなるからです。

結婚相手に関しては、恋愛とはちょっとペースが変わり、この人と一緒にいて幸せになれるかどうか、を真剣に考えるでしょう。その点、結婚には慎重にならざるを得ないのです。

面倒な人には近づかない

ゴタゴタ、ドロドロした人間関係は避けて、できるだけ穏便に過ごしたい、というのがこの人のスタンスです。したがって、何かと面倒な人には近寄らないようにしているはずです。余計なことは口にしないし、周囲の顔色をうかがってしまうことも多いので、基本的に「いい人」という評価をもらっているでしょう。その反面、相手によっては、御しやすい人だと感じて、居丈高な態度を取ってくるケースもあるようです。たまにはハッキリと考えを口にしたり、ぶつかることも、居心地よい人間関係をキープするポイントです。

20画

異性・同性を問わないつき合い

恋愛とは、ワクワクするものであり、愉快なものというのが、この人の根底にあります。

というのは、基本的に人懐こくて、異性同性を問わず、人と接するのが楽しいと感じているからです。気になる相手が現れたからといって、意識することもなく、自然に対応できるでしょう。友だちのような関係が続いて、いつの間にか恋に変わる、というケースが多いはずです。

とはいえ、その気になれば、異性を虜にする魅力も非凡なものがあります。幼い頃から、なぜか周囲の大人を、しかも特に異性の大人たちをメロメロにしてしまうような傾向が、きっとあったのではないでしょうか。無意識のうちに、気を惹くことができてしまうタイプなのです。

ですから、周囲には取り巻きの異性が何人もいて、どの人を恋人にしたらいいのか、迷ってしまうこともあるでしょう。「この人!」と思える相手が現れれば、もう迷うことはありません。相手も自分を愛してくれていると確信できれば、まっしぐらに結婚に突き進んでいくはずです。

八方美人に注意を

相手がどんな性格であれ、自然と相手の懐に飛び込んでいけるようなフランクさを持ち合わせているタイプです。しかも年齢が離れている相手でも、躊躇することなく、そのフランクさは発揮されます。

もちろん、明るい笑顔で応対されて、不愉快に思う人はめったにいませんから、自然と誰とでもうまくつき合っていけるのが、この画数を持つ人の特質であり、長所です。ただし、愛想がよすぎて八方美人に見られることもないとはいえません。「親しき仲にも礼儀あり」を心に留めておきましょう。

21画

奉仕的な精神がネックに?!

細やかな愛情の持ち主であり、誰かの役に立ちたいとつねに考えているタイプです。したがって、好きな人ができると、ついついあれこれ世話を焼いたりして尽くしてしまうことが多いでしょう。

好きという気持ちを隠しておくこともできないので、すぐに好意が相手に伝わります。好かれて嫌だと思う人はあまりいませんから、すぐに恋愛に発展するケースが圧倒的でしょう。ただし、問題はそこから。好きになると、寝ても覚めても相手のことを考えてしまい、仕事や学業はおろか、人間関係までおろそかになってしまう可能性があるからです。

また、この人は尽くしているつもりでも、相手によっては、煩わしく感じたり、束縛されていると思ってしまうかもしれません。恋愛にも適度な距離感が必要だということを、学ぶ必要があるでしょう。

とはいえ、結婚相手にふさわしい人という評価を得ることができるはずです。ただし、恋愛→結婚へとスムースに移行するのは難しいかも。むしろ、最初から結婚を意識した交際のほうがうまくいくでしょう。

強い身内意識に注意を

自分の好きな人と、そうでない人との区別をハッキリつけて、人間関係を築いていきます。いわゆる身内意識が強いタイプです。したがって、自分が気に入った相手に対しては、いつも笑顔を絶やさずに接し、かいがいしく面倒をみたり、相談に乗ったりします。相手からも好評価を受けることでしょう。

しかし､自分と相いれないタイプの人に対しては、かなりクールな態度を取ります。挨拶さえ満足にしないこともあるかも。でも、それはやりすぎ。誰に対しても一定の気遣いを示すことができれば、心地よい人間関係になるはずです。

22画

恋人がいなくても充実感?!

「なぜ恋愛をしなければいけないのか?」と思ってしまうような傾向があるようです。

恋人がいなくても十分に充実した日々を送り、寂しさなど感じないタイプだからです。このため、恋愛のチャンスも少ないかもしれません。とはいえ、生涯で二度や三度は、気になる相手が現れます。

そして、その時、その人ともっと近しい関係になりたいと心から思うでしょう。そんな切なる思いが、恋愛というものだったんだと、改めて気づくはずです。「なぜ、恋愛をしなければいけないのか?」の答えは意外と単純なもので、好きな人ができてしまっただけのこと。そして思いが相手に通じて交際がスタートすれば、思いがけないほど、楽しくてワクワクする日々が待っているでしょう。

残念ながら、失恋の憂き目に遭っても、心配はいりません。好きな人を持つ幸せに目覚めてしまった以上、次の恋への期待もふくらみ、自然と出会いを招き寄せることになるはずです。当然、結婚に関しても、マイナスのイメージは消え去って、「結婚してみるのもいいかも!?」と思えるでしょう。

群れるのが苦手

独立心旺盛で、人と群れることが苦手なタイプです。ちょっと変わった人と思われたり、取っつきにくい人だと感じられたりすることも多いでしょう。ただし、人との交流を拒否しているわけではありません。気心が知れてくるにつれて、友人関係や信頼関係を長く築いていける相手も出てくるはず。

うまくやっていけそうだと感じる相手には、積極的に声をかけていけば、一生の宝ともいえる存在に。特に共感を持たない相手であっても、一応それなりのコミュニケーションを惜しまないことも大事です。

23画

恋に恋する一人ずもう

好きな人ができると、相手以外、何も見えなくなってしまうタイプです。

寝ても覚めても相手のことばかり考えてしまう。仕事や勉学に支障をきたしてしまうこともあるかもしれません。とはいえ、そんな状況は長続きしないでしょう。すっかり舞い上がっている自分に疲れてしまうからです。その結果、相手には何の非もないにもかかわらず、欠点ばかりが目につくようになってきたりしがちです。

要するに、恋に恋してしまうタイプ。好きで、好きでたまらない、と思える相手との恋は長続きしません。逆に特別、恋愛感情も湧かないけれど、何となく気が合う相手や、何となく友だちづき合いをしているくされ縁のような相手に、ある日突然、恋してしまっている自分に気づいたなら、それは本物の恋になる可能性大。きっと相手も、憎からず思っていてくれるはずです。そんな相手となら、一人相撲の恋をすることもなく、冷静に交際していけるので、結婚もほどなく視野に入ってくるのです。

好き嫌いが激しい

好き嫌いが激しいところがあるようです。この人とはウマが合わないと思うと、わざとらしく無視したりする、そんな子どもっぽいところも多分にあるでしょう。とはいえ、本来は気のいい人なので、相手のほうからフレンドリーに接近してきたり、頼られたりすると、嫌いだったり苦手だったはずの相手でも、快く受け止める度量の広さを見せます。

単純に、誰かの役に立てたり、頼りにされることがうれしいのです。もちろん、好意を持つ相手にはまめに尽くすタイプ。親密な人間関係を築いていけるでしょう。

24画

相手の色に自然に染まる

相手しだいで、恋の様子や行方が大きく変わってしまうのが、この画数の人の特徴です。

たとえば、アクティブなアウトドアタイプの相手とつき合うと、明るくて快活な毎日を送ることができるでしょう。逆に、のんびりと過ごすのが好きで、デートもどちらかの家でまったりと映画でも見て過ごすというタイプの相手とつき合えば、やはり、もの静かな日々を好むようになるでしょう。

つまり、この人は本来、透明で色がついていないのです。そこに、赤を塗っていくのか、青を塗ることになるのかは、つき合う恋人しだいというわけです。ただし、何度か恋に落ちて交際を重ねていくうちに、自分が一番ラクに感じられるタイプや、自分が自分らしくいられる恋人像というのが、自然にわかってくるはずです。わかってきた後で、本気の恋に落ちたなら、それが運命の恋といえます。

さらには、結婚こそ、自分らしく暮らしていけそうな相手を選ぶのが正解です。無理やストレスとはできるだけ無縁でいられれば、幸せな結婚生活が送れるでしょう。

防波堤タイプをキープする

無垢な人柄の持ち主なので、マイナスのイメージを与えることは少なく、円滑な人間関係を築いていくことができるでしょう。ただし、あまりに純粋すぎるこの人をからかったり、いじって楽しむ人もいるかも。

そんな時、防波堤になってくれる人がいれば、心強いはずです。年上からは総じて可愛がってもらえたり、目をかけてもらえるので、そんな人の中から防波堤タイプをキープしておくといいですね。気の合わない相手には近づかない用心深さも必要です。

25画

強い玉の輿願望

普通の恋愛や結婚はしたくない、という気持ちがあるようです。

危険な香りが漂う相手とめくるめく甘い恋の罠に落ちてみたいとか、スリリングな恋がしてみたいと思っているでしょう。結婚するなら、周囲が羨むような玉の輿か、有名人とウエディングベルを鳴らしたい、といった強い願望を持っています。

このため、恋する相手を選ぶのもそう簡単にはいきません。いいと思うような相手には、ライバルが多かったり、すでに恋人がいたり、既婚者だったりするケースも。とはいえ、数多くのライバルを蹴散らし、困難を乗り越えて、相手の愛を勝ち取ったなら、大いに満足して達成感に浸るでしょう。ただし、達成感を感じた後は、恋に夢中になれず、あっさりと別れてしまったりすることもありそう。

また、結婚に関しても、ある程度の年齢になると、理想はあくまでも理想であって、現実は違うと気づいて、自分の身の丈に合った、無理なく生涯を共にしていける相手を選ぶことになりそうです。

気が合わない人とつき合わない

気の合わない人とはできる限りつき合いたくない、というのが、この人のポリシーです。したがって、ビジネスの上でのつき合いは就業時間までで終わり、それ以後のつき合いには参加しないと決めていたりするでしょう。その反面、趣味仲間との交友は大いに満喫します。同じ興味や共通の話題を持つ人となら、何時間話していても飽きないと感じるからです。

実際に顔を合わせたことのない、ネット仲間なども少なくないでしょう。そんな一面をアピールすれば、興味を持たれ、ビジネスチャンスがふえる可能性もありそうです。

26画 相手に踏み込めない臆病さ

恋愛に対するあこがれはあるのですが、恋に落ちるまでには時間がかかるタイプです。

相手の性格や人生観がわかるまでは気を許すことができない、そんな臆病さを持っているからです。真剣に愛してもらえるかどうか、自信がないために、恋に踏み込めないケースも。周囲の視線も気になるため、相手の見た目や学歴、職業といったものも恋人選びの基準に加えてしまいがちです。

とはいえ、本当に好きになる瞬間は、ある日、突然やってきます。それまでは相手のタイプがどうの、見かけがよくなければ……なんて思っていたのがウソのように、すとんと恋に落ちてしまうのです。実は自分が直感人間だと、そこで気づくはずです。

しかも、意外とその直感は冴えていて、思いのほか、相性もよく楽しい交際が続くことになるのです。

結婚も同様と考えていいでしょう。あれこれと条件を並べているうちは、縁遠い可能性が高いはず。結婚しない人生もありかも、なんて思ったとたん、人生の伴侶を得ることになりそうです。

わかる人にはわかる

誠実な人間関係を築いていきたいと思っています。とはいえ、人見知りのタイプですから、積極的にアピールして自分を知ってもらうのはなかなかできません。はにかみ屋でオドオドした印象を与えるため、周囲も声をかけにくいかもしれません。

でも、そんなもどかしさは、時間が解決してくれるでしょう。この人の真面目さや清らかな心映えがわかってくるにつれて、周囲との人間関係も安定してくるはずです。とはいえ、せっかく出会えた相手に、自分を知ってもらう努力はやはり大切。それができれば、より大きな信頼の輪が広がるからです。

27画

安定婚が理想的

恋愛であれ、結婚であれ、安定した関係を築きたいという願望が、この画数を持つ人にはあります。いわゆる恋愛につきものの好きになってドキドキしたい、と思う気持ちは少ないタイプです。

ときめくよりは、一緒にいてホッとしたり、くつろいだ気分になりたいと思っているはずです。

このため、相手選びにはどうしても慎重にならざるを得ません。他の異性にモテモテのタイプでは、安心してつき合うことなどできませんし、遊び人のタイプも恋人にふさわしいとはいえないからです。真面目でややつまらないくらいのほうが、この人には安心な相手と感じられるでしょう。

結婚に対しても、この人が求めるのは安定であり、穏やかな生活です。そのためには、ある程度の収入や生活環境が整うことが前提です。「お金がなくても愛さえあれば」というのはざれ言にすぎないと、この人は考えています。きちんとした職業を持ち、計画的な人生設計をしていける相手が見つからなければ、結婚へのゴーサインは出せないはずです。

信頼関係が何より大切

相手との信頼関係を何よりも大切に考えます。そして、どんなことがあっても自分を裏切らない相手と友情や愛情を育んでいきたいと思っています。したがって、友だちは多くなくてもかまわないのです。本当に心を許せる人が一人か二人いれば、それで十分だと思っているでしょう。

職場や学校といった組織の中でも、無理に人間関係を築くよりは一匹狼でかまわないという本音もありそう。そして、楽しいおしゃべりで皆を楽しませるようなタイプには、かえって不信感を抱いてしまう傾向もあるようです。

28画

恋愛に臆病タイプ

この画数を持つ人は、恋愛に対して臆病なタイプといえるでしょう。

好きな人ができても、自分の熱い気持ちを周囲に悟られないように必死で隠してしまいます。大切な相手にも本当は大好きなのに、逆に冷たい素振りを見せてしまったりすることもありそう。嫌われたくない、拒絶されたくないという、恋愛に対する臆病さが、頑なな態度の原因。

もう少しオープンに、自分の恋心をアピールしたほうが、好感度も高まり、恋のチャンスも増えるはずです。もっとも、つらい恋を経験することで、この人自身、大きく成長することができ、最後には素晴らしい恋を手に入れることができるはずです。

同様に、その恋は大きく実を結んで、結婚へのかけ橋になる可能性も高いでしょう。したがって、この人だと思える相手とつき合っているなら、紆余曲折があっても心配はいりません。そんな一つ一つの経験が、二人の愛を育て、結びつきを強める結果となるからです。

内気さの殻を破って

自分の気持ちや意見をあまり口にしないタイプのため、打ち解けるまでに時間がかかるでしょう。細かなことにこだわらない、オープンなムード漂う組織の中であれば、ちょっと変わった人だとか、気難しい人だと思われるだけで、大目に見てもらえるでしょう。

でも、結束力や忠誠心を求められるような組織の中では、息がつまってしまうかもしれません。友人や同僚の中に、自分に近いタイプを見つけて積極的にコミュニケーションを取ったり、仲よくするように心がければ、居心地のよい人間関係につながっていくはずです。

29画

自然な流れで結婚へ

身近にいる人と何となくつき合って気がついたら恋人同士と言われる仲になっていた……といったケースの恋が多いタイプです。

気心が知れている相手の方がつき合っていてラクだと感じるし、そんな交際に特に疑問も感じないので、交際した相手とごく自然な流れで結婚へと進展していく可能性が高いでしょう。

ただし、実は心の奥底に、一度くらいはめくるめく恋の世界に落ちてみたい、という願望を隠し持っています。ただし、本人もそんな自分の隠された願望に気づかないまま、平穏な人生を歩んでいく可能性が高いでしょう。ただし、問題なのは、そんなめくるめく恋の情熱に身を浸してしまうような出会いが訪れた場合です。いったん、火がついてしまえば、パートナーも家族も仕事も何もかも捨てて、恋に身を焦がしてしまうケースもないとはいえません。

分別をなくしてまで恋を貫く前に、本当にそれでいいのかどうか、自分に問いかける必要があります。どんなことがあっても後悔しないと思えるなら、新しい人生を選択するのもありかもしれません。

緩衝剤の役割を担う

常識をわきまえ、相手を思いやる気持ちも十分に持っているタイプなので、どんな組織に身をおいても信頼を得るのにさほど時間はかからないでしょう。どんな人が相手でも、ちゃんとその気持ちを受け止めてあげることができるので、皆の緩衝材のような役割をすることも多いでしょう。

ただし、意見も個性もバラバラの人間たちをまとめるのは、案外、骨が折れるもの。気がつかないうちにストレスをためてしまうことも。あまりいい人になりすぎない工夫も、時として必要でしょう。

30画

自然体が恋を呼ぶ

本人は特に意識しているわけではないのに、なぜか周囲を惹きつけてしまう、そんな魅力の持ち主です。当然、モテます。

思春期どころか、幼少期から周囲の異性を虜にしてしまうケースもありそう。媚びているわけでも、気遣っているわけでもなく、自分の思い通りに行動したり、言いたい放題やっているだけのはず。この画数の人が持っているのは、自然体のままの魅力が愛情を呼び寄せるという特性です。

したがって、好きな人ができて、相手を何とか振り向かせようとすると、逆にこの人の魅力が半減してしまうことも。恋愛願望や結婚願望もそれなりに持っているはずですが、意識しないほうが魅力をアピールできて、恋のチャンスも増えるタイプです。

自然体を心がけ、素顔の自分に好意を持ってくれる相手を探せば、楽しい恋が続くでしょう。

結婚も同様です。恋愛以上に自分らしさをさらけ出せる相手、本音を打ち明けられる相手を探せば、幸せな結婚生活を手に入れることができます。

天然の人づき合い

好き放題に言ったり行動したりしているのに、なぜか「憎めない人」と、周囲から思ってもらえる得なタイプです。「天然だよね」なんて言われることもあるでしょう。とはいえ、もちろん、人づき合いのルール上、言ってはいけないこと、やってはいけないことはわきまえておきたいもの。そこさえ、外さなければ穏やかな人間関係を築くことができます。

また、絶大な信頼を寄せてくれる人が必ず出てきます。その人が信頼できる相手なら、大事にするとよいでしょう。人生のキーマンになってくれるかもしれません。

31画

深い愛を秘めて

この画数の持ち主は、本来、深い愛情を秘めたタイプです。ただし、自分から好意をアピールしていくほうではないので、クールに見えたり、恋愛とは縁遠いようなイメージを持たれるかも。

でも、好きな人ができて、相手も自分を受け入れてくれているのがわかれば、安心して愛情を表すようになるでしょう。相手が心を開いてくれているのが確信できるまでは、用心深く、自分の気持ちをセーブしているのです。

したがって、友だち以上の関係が出来上がれば、それまでの内気で臆病な様子がウソのように変わり、熱っぽいまなざしを愛する人に送ります。好きな人さえいえば、他には何もいらない、といったほどの情熱家に変身するのです。

好きな相手に対してできるだけのことをしてあげたい、というやさしさや包容力を発揮するでしょう。ただ、相手によっては、その愛情が濃すぎると感じるケースもないとはいえないので、適度な距離感も忘れないようにしたいものです。

親しくなってはじめて本領発揮

心やさしく愛情細やかなタイプですが、親しくならなければ、その愛情の深さはなかなか発揮されません。したがって、通り一片のおつき合いをしている程度では、この人のよさはなかなか理解されないでしょう。時間をかけてつき合っていくうちに、「本当はいい人だったんだな」「大いに信頼できる人なんだなあ」と、周囲も認めてくれるはずです。

それほど親しくないうちから無理にフレンドリーな人を装う必要はありませんが、笑顔は忘れずにいたいもの。そうすれば、ストレスなく、信頼関係を築いていくことができるでしょう。

32画

シャイでロマンティスト

恋愛に対して素直なあこがれを抱いているタイプ。ロマンティストですから、映画や小説、アニメなどの恋愛ストーリーに感動して、恋心がどんどん増すこともありそうです。頭の中で華やかな恋愛を繰り広げる自分をイメージして、うっとりしたり、痛快な気分になることもあるでしょう。

現実の場面では、気になる相手を前にすると、緊張してなかなか声をかけることができなかったりする、そんなシャイさも持ち合わせています。何度か、苦い失恋の涙を流すことが必要かもしれません。

しかし、ままならない恋のレッスンを繰り返していくうちに、自分にふさわしいのはどんなタイプの人なのか、楽しい恋を実らせるためにはどんなアプローチをすればいいのか、どうすれば幸せな恋愛をキープしていけるのか、といった、恋愛に関するさまざまな問題が解決していくはずです。

そして、満を持して出会った相手と、素晴らしい恋をすることになるでしょう。そのまま、結婚へと移行する可能性も高いのです。

誰に対してもフェアに接する

基本的に性善説の考え方を持っているタイプで、皆、いい人に違いないと思っています。したがって、誰に対しても暖かな心情を持って接していくでしょう。素直な好意にあふれている様子が伝わってくるので、相手も自然と笑顔になり、心を開いてくれます。穏やかな人間関係を築くことができるでしょう。

ただし、相手がこの人を意のままにしようとすれば、これほど御しやすいタイプもいません。中には、自分を利用しようとする人もいる、ということは心の隅に留めておきたいものです。

33画

ストレートな情熱で突っ走る

好きな人ができたら、その相手目がけてまっしぐら、という、ストレートな情熱の持ち主。

本人は自分の熱い思いを隠しているつもりでも、ついつい相手を姿を追ってしまう視線の強さ、相手がそばにいるだけで上気してハイになってしまう様子など、周囲には「好きだ」と言う気持ちがバレバレになってしまいます。

ある意味、素直で嘘がつけないタイプということもできますが、相手によってはアピール力が強すぎて引いてしまうケースもありそうです。好きになった相手がどんなタイプかを見極めて、攻勢だけでなく、引き算のアプローチを工夫する必要もありそう。そうすれば、恋が成就する可能性もグンと高くなります。

結婚に関しても、好きになった勢いで結婚まで突入してしまいそうです。ただし、ふと立ち止まって考えてみたら、結婚に向かない相手を選んでしまっている、なんてケースもないとは言えません。熱い想いも大切ですが、どこかで冷静に、相手が結婚向きかどうかはチェックしたいもの。そこさえクリアできれば、幸せな結婚生活を送れるでしょう。

感情がストレートに出るタイプ

自分の意見や感情をストレートに出すタイプです。その性格を、竹を割ったような性格で清々しいと思う人もいれば、デリカシーに欠けていて苦手だと感じる人もいるでしょう。周囲のほとんどが受け入れてくれれば問題なく、朗らかで明るい人という評判を手に入れることができます。周囲もよけいな遠慮をせず、いろいろ意見やアドバイスをくれるので、風通しのよい関係を築いていくことができます。細やかなタイプが周囲に多い場合は、柔らかな言葉遣いを心がけたいものです。

34画 恋より仕事・趣味を優先

恋愛は、この人にとってそれほど重要なものではないようです。いちばん大事なのは仕事や趣味などの生きがい。プラス、気の合う友人が数人いればいい、というモットーを持っているはず。

とはいえ、頭から、恋愛を否定しているわけでもありません。自分の人生を左右する、生き方を変えてしまうような出会いを経験していないだけかも。

そして、そんな運命的な恋に落ちる可能性も決して少なくはないようです。若い頃も恋をしないわけではありませんが、人生を変えるような恋にはならないはずです。しかし、中年以降になって、「自分はもしかしたら、このまま一人で生きていくことになるのかもしれない」なんて思い始めた頃、ある日突然、運命の恋が舞い降りてきそうです。

それによって、人生観が変わってしまったり、思いがけない土地に住むようになったり、新たな人間関係がスタートするかもしれません。もちろん、その出会いが結婚へと突き進む可能性も高いでしょう。心から幸せかどうかはともかく、運命の波に運ばれていくことになるのです。

自立心が強いタイプ

自分の気持ちや感情をあまり表に表わさないので、ミステリアスで飄々とした人と思われることも多いでしょう。悩みや不満といったものがあっても自分の中でおおよそ解消してしまうことのできる、自立心の強いタイプです。気の合いそうな相手には自分から積極的に誘って友人づき合いを築くことができます。いつしか、趣味や共通の話題で盛り上がる仲間も増えていくでしょう。職場でも、距離感を持って、同僚や上司とつき合っていけます。

35画

相手を見定めるクールな恋愛観

恋愛に対してはクールです。気になる相手がどういう性格で、どんな趣味を持ち、どんな職業についているのか、友だちはいるのか、どんな家族構成なのか、などと、情報を集めてじっくりと検討してから、好きになるタイプです。

よほどのことがなければ、相手に夢中になってしまうことはないでしょう。とはいえ、心の底では甘い恋の誘惑に身をゆだねてみたいという気持ちも隠し持っているはずです。

でも、恋愛へのあこがれの何倍も、結婚へのあこがれのほうが強いのです。恋愛であれば、嫌になったら、別れればすみますが、結婚してしまったら、気軽に「やーめた！」はできません。したがって、リスキーな結婚にならないために、しつこいくらい相手のチェックをしてしまうのです。ただし、条件的には申し分ないからと、好きでもない相手と結婚するのはおすすめできません。やはり、好きな人とウエディングベルを鳴らすほうが、後々、満足のいく結婚となるでしょう。

誰とでもフレンドリーなつき合い

恋愛や結婚といった特別な関わりがない相手であれば、ごく自然にフレンドリーに接することができるでしょう。上司や先生、同僚やクラスメイトからは、とても好ましい人柄の持ち主と評価されます。楽しい話題で周囲を盛り上げてみせるくらいの気遣いやサービス精神も発揮できるはずです。

ところが、そこに恋愛・結婚対象の人が含まれると、とたんに妙によそよそしく他人行儀になってしまいがち。しかし、相手によって態度を変えるのは、せっかくの高評価にもマイナスになってしまうので控えたいものです。

36画 自分からアプローチしない

恋愛も結婚も縁があれば、という自然の流れで捉えているタイプです。恋愛や結婚に対して否定的なわけではありませんが、無理してまで出会いを求めたりしたくはないと思っているはずです。

たまたま身近にいる相手が魅力的だと感じれば、恋に落ちることだってあるでしょう。でも、たいていの場合は、自分からアプローチしていくことはしないので、「あの人、ちょっといいかも」程度の淡い恋心で終わってしまいそうです。もし、相手のほうが熱烈にアプローチを仕かけてくるなら、そして、この人が相手に対して好意を感じているのであれば、自然と交際をスタートすることになるはずです。

その交際が長続きするかどうかは、相手の気持ちしだいです。相手に嫌われたなら、深い追いしたくないと、この人は思っているのですから。

したがって、運よく、相性のよい相手が現れて、交際をリードしてくれたなら、二人の関係が結婚へと進展する可能性もあるでしょう。しかし、相手が結婚を望まないなら、無理に結婚したいと、この人は思わないはずです。

人づき合いが面倒

他人と深く関わりたくないという本音が、この人にはあるようです。組織や家族を否定しているわけではないのですが、人づき合いはちょっと面倒と思っているはず。職場の歓送迎会などのイベントがあるとしたら、一次会はとりあえず顔を出すけれど、二次会までつき合う必要はないと考えます。

仕事は仕事、プライベートはプライベートと、きっちりと線引きをしているタイプです。とはいえ、たまには二次会や地域の活動などに顔を出してみると、新たな世界が開けてくるかもしれません。

37画

愛と結婚は別もの

恋愛と結婚は全く別のものである、という考えを、この画数の人は持っています。

とはいえ、冷めているわけではありません。むしろ、思いきり恋愛を享受したいという気持ちが強いでしょう。好意を寄せた相手とつき合うひとときは、この人にとって最高に楽しいもの。たわいのないことで笑い合い、一緒に食事したり、抱き合って眠りに落ちることが楽しくて仕方がないと感じるはず。

特に恋に落ちてしばらくの間は、最高の時間が続きます。ただ、この人は本能的に、そのキラキラと輝く時間が永遠に続かないことを知っているのです。

では、この人にとって、結婚とはどんなものなのでしょうか。それは生活を共にしていく、人生を共に歩んでいくという、クールな現実なのです。そこに必要なのは、無理なく一緒にいることができることと、そして生活の安定です。金銭感覚や家族観が同じでなければ、結婚できないと思っているはずです。愛情は少しだけあればいい、というのが、この人の結婚に関しての本音なのです。

二つのカテゴリーでつき合う

この人は、周囲をきっちりと二つのカテゴリーに分けています。自分と気の合う人たちと、そうでない人たちとの二つです。そして、気の合う人とは親しくつき合おうとしますが、そうでない人とは、なるべく関係を持ちたくないと思っているでしょう。しかも、そのカテゴリーは公私を問いません。

したがって、職場の同僚でも、気の合う相手とは気軽にジョークを交わしたり、食事や旅行に出かけたりと、とってもフレンドリー。でも、そうでない同僚とは、ほぼ没交渉で、必要最低限の言葉しか、交わさないでしょう。

38画

恋に恋して

恋に恋してしまうような傾向が、この人にはあります。やさしい言葉をかけられたり、笑顔で挨拶されただけで、きっと自分に好意を持っているに違いないと、思い込んでしまうのです。あるいは、好きになった相手を、運命の人だと思い込んでしまったりします。

若いうちこそ、そうした恋に恋している様子を可愛らしいとか微笑ましいと思ってもらえるかもしれませんが、いくつになっても「夢見る夢子」では、満足のいく恋愛は難しいでしょう。恋に恋しているだけですから、相手が自分の理想通りでないと感じた瞬間、恋心が急速に萎んでしまうのです。

当たり前ですが、恋愛は一人ではできません。そして、二人の人間がお互いの存在を認め合うためには、相手のプラス面もマイナス面も受け入れなければいけないのです。相手の性格や人生観、金銭感覚や趣味嗜好など、そういったいろいろを好ましく思うことができた時、恋の成就はもちろんのこと、幸せな結婚へのステップを踏み出すことができるでしょう。

疑うことを知らず世話焼きタイプ

暗い表情をしている人や困っている人を見かけると、放っておけないのがこの人です。ついつい親身になって世話を焼いてしまうでしょう。基本的に明るく素直なタイプで、疑うことを知りません。そのため、相手が急に態度を変えたりすると、ショックを受けたり傷ついたりすることも少なくないはずです。

世の中にはいろいろなタイプの人がいて、決して皆が皆、いい人ばかりではないということを、頭の隅に入れて置きましょう。その上で、自分のことをよく理解してくれ、大事にしてくれる人を一番の友人とすべきです。

39画

自分から恋人探しはしない人

無関心というほどではないけれど、恋愛も結婚も縁があれば、という程度のスタンスが、この画数の人。好きな人が現れれば、その時になって考えればいい、と思っているでしょう。

自分から、積極的に恋人探しをしたり、婚活する気など、まったくありません。縁がなければ、一生涯、恋をしなくてもかまわない。もちろん、結婚する必要もないと考えています。

しかも、一人でいることが苦にならないタイプですから、寂しさから恋に落ちるとか、パートナーを求めるといったこともないでしょう。でも、そのフラットな姿勢がかえって、周囲には、ちょっと風変わりだけど魅力的な人として映る可能性は大いにあります。熱烈なアプローチをされることもありそうです。

たいていの場合は、興味を示さず、相手にもしないのですが、中には、この人の琴線に引っかかるようなタイプがいるかもしれません。そんな相手が現れたなら、熱い恋の炎に身を焦がすケースもあるでしょう。また恋愛をあっという間に飛び越えて、結婚へと突き進む可能性もないとはいえません。

適度な距離を保てる人

一見クールそうですが、人づき合いが特別嫌いというわけでもないでしょう。誘われれば気軽に応じる、フレンドリーな一面も持っています。ただし、都合をつけてまでつき合いたくない、というのがこの人の本音。気の合わない相手と長々と顔を突き合わせているのも嫌だと感じているでしょう。

適度な距離感があるので、人間関係のゴタゴタに巻き込まれることもめったにありません。ただし、もう少し深いつき合いをしたいと感じている相手にとっては、物足りなさがあるはずです。

40画

結婚は恋愛の先にある！

恋愛の先にあるものが結婚、というのがこの人の理想です。したがって、好きになった人とおつき合いを続けていって、お互いが深くわかり合えるようになり、愛情が強まった時点で、自然と結婚話が出て……というパターンを、この人は夢見ているはずです。

ただし、交際しているうちに、気持ちが冷めてきたり、相手の欠点が見えたり、お互いの価値観の違いがクローズアップしたりすることも少なくありません。順調に恋を育んでいける関係は、むしろ少数派といえるかもしれないのです。

いざ結婚となると、二の足を踏んでしまう慎重さも、この人にはあるようです。自分が心の底から納得して、その相手と人生を歩んでいこうと思うまでに時間がかかってしまうのです。

なかなか結婚に飛び込めない、そんな自分がいる時は、周囲の意見を参考にしてみるのもいいかもしれません。また、相手に百パーセント求めるのではなく、八十パーセント満足できる相手ならＯＫとするのも、結婚への近道となりそうです。

フレンドリーだが本音を見せない

一見フレンドリーですが、なかなか本音を見せない面もあるようです。誰とでも気さくに言葉を交わし、愛想のよいタイプなのですが、心の中には薄い壁を築いているのです。そして、その壁の中には、よほど好意を感じたり、気の許せる相手でないと寄せつけません。基本的に、人間関係は無理せずじっくり築いていけばいいという考え方の持ち主です。

ただし、中にはドカドカと土足で踏み込んでくるような輩もいるでしょう。その場合、相手に邪気がないのかどうか、見極める必要がありそうです。

第4章　お互いの姓名の画数でわかる「相性」

画数の下一けたで相性診断ができる

～二人の関係がもっとよくなるつき合い方

人は誰もが一人では生きていけません。いろいろな人と関わり、さまざまな人づき合いを経験していくことになります。それぞれの相手とあなたが、どんな相性の元にあるのかがわかれば、つき合っていく上でのよいヒントになるはず。

相手を知る有力な情報の最たるものが「姓名」。顔を合わせたら、お互いに名乗り合うのが、社会ルールだからです。姓名がわかったら、第2章の「総画」や第3章の「名前」で性格や考え方をリサーチし、さらに、この章で相性をしっかりとチェックしてみましょう。

相性がいちばん気になるのは、好きな人ができた時ではないかしら。そんなあなたのために、この章では「愛情面」に関しても、ちゃんと解説してありますよ。出し方はとても簡単です。

■職場などの社会的な人間関係の相性

お互いの「総画」画数下一けたで診断。たとえば、あなたの総画55、相手20の場合、「自分5×相手0」を読みます。

■恋愛、友人などプライベートな関係の相性

お互いの「名前」画数下一けたで診断。たとえば、あなたの名前15画、相手6の場合、「自分5×相手6」を読みます。

★ページの上段→「職場など社会的人間関係」の相性、下段→「恋愛などプライベートな人間関係」の相性　を記しています。

自分０画×相手０画

気心が知れたツーカーの関係

相性はかなりよいほうです。

無理をして相手に気を遣ったり、合わせようとするつもりはないのに、すぐにお互いの気持ちがわかってしまうでしょう。特に年齢が近かったり、クラスメイトや同僚同士といった上下関係のない間柄であれば、気心の知れた、最高の関係が築けます。いわゆる、ツーカーの関係といっても過言ではないでしょう。趣味や考え方もよく似ていて、一緒にいるだけで楽しくて仕方がないはずです。

しかし、あなたが上司や先輩といった上の立場にある場合は、感性や感覚が似ているだけに、ひいきしてしまい、周囲の反感を買ってしまう可能性があります。あなたが下の立場にあるケースでは、つい甘えが出てしまい、相手に余計な気遣いをさせてしまいがちなので、注意が必要です。

相手にかじ取りを任せよう

お互いに好意を感じているにもかかわらず、自分の魅力を相手に認めさせようとして、意地を張ってしまい、なかなか恋が進展しない可能性があります。自分が優位に立ちたいのは、あなたも相手も同じはず。恋の進展を望むなら、相手にかじ取りを任せてしまうのが賢いやり方です。リーダー役は相手に任せて、あなたはフォロー役に回るといいでしょう。

とはいえ、最初のきっかけ作りは、あなたからがおすすめ。というのも相手は、断られたらカッコ悪いとか、ダメージが大きすぎるなどと考え込んでしまい、一歩が踏み出せない傾向があるからです。

とりあえず、フランクなムードでデートに誘い、次のデートの約束までさりげなくかわしてしまったら、そこから先は相手のペースに巻き込まれてしまいましょう。そうすれば、ラクな交際ができます。

自分0画×相手1画

価値観が違い本音が出にくい

最初のうちは、相手の態度が「何だかエラそうだなあ」と鼻につき、尊大に感じられてしまうかもしれません。あなたにとって、決してよい印象を感じられない相手と映るはずです。

とはいえ、気心が知れてくると、それが誤解だったことがわかってくるでしょう。実は気さくでフレンドリーなのに、あなたの警戒心が、相手にも自然と伝わってしまったために、相手もクールに接してきただけだとわかってくるはずです。

とはいえ、親しみが出てきたからといって、心から打ち解けるという関係までは、なかなか至らない可能性が高そうです。というのも、お互いの価値観に隔たりがありすぎて、本音で語り合うまでいかないからです。ただし、趣味のサークルで知り合った損得の関係がない間柄であれば、楽しいおつき合いができそうです。

猛烈なアプローチがありそう

あなたが好意を感じているなら、相手からのアプローチがうれしく感じられるでしょう。あなたの状況や立場など、あまり考慮せず、どんどんアプローチを仕かけてくるのも、情熱のなせるワザと感じられるはず。無心に恋にのめり込める相手が、むしろうらやましく感じられるほどでしょう。

しかし、特に好きでなければ、しつこいアプローチにウンザリしてしまうかも。あなたがさりげなく断っているつもりでも、相手の情熱攻撃はなかなかやまないはずです。

価値観や感性にかなりの隔たりがあるため、理解し合うまでには、時間がかかるカップルです。むしろ「違っていること」を楽しめるなら、最高のカップルになれる可能性も十分にあります。

自分0画×相手2画

本心がつかめない相手

なかなか本心をつかめない相手といえるでしょう。何を考えているかわからず、自分を敵とみなしているのかも、といった印象を持ってしまい、警戒心を抱いてしまうことも。相性としては、決してよくありません。

とはいえ、意外なことに、相手は特に敵がい心もなければ、余計な先入観も持っていない可能性も十分にあります。単に内気で、人づき合いが苦手なため、心を開くことができないだけかもしれないのです。

同年代や趣味仲間といった関係であれば、時間がたつにつれて、気軽に言葉を交わせるようになってくるはず。相手が上司や先輩といった関係であれば、当分は距離や緊張感を伴ったつき合いにならざるを得ないでしょう。相手の前でくつろげるような関係になるには、相当の時間がかかりそうです。

気がつけば目で追っている

何となく惹かれてしまう相手です。あなた好みのタイプでもないし、つき合ってみたいと切望したくなるわけでもないのに、気がつくと相手の姿を目で追ってしまう自分がいるでしょう。そんな自分に気づいてはじめて、恋心を自覚するケースもありそうです。

相手のほうも、あなたに対して、態度を決めかねているはず。心を開いてみたいと思う反面、そうすることで気まずくなるリスクを感じてしまったりと思い煩ったりしそうです。

お互いに、決定打がない状況が長く続く可能性も高いでしょう。でも、相性がよくないとわかっているからこそ、何となく惹かれてしまったり、興味を持ってしまうのかもしれません。

恋を進展させたいなら、第三者に手伝ってもらい、二人きりの緊張を解くことが大切です。

自分0画×相手3画

信頼関係を築ける二人

相性もかなりよく、厚い信頼関係を築き上げることのできる二人です。

年齢が近かったり、同じ会社や学校、組織などの先輩と後輩といった間柄であれば、それほど時間もかからず、友好な関係を結ぶことができるでしょう。一緒にいるだけで何となく楽しく感じることができ、不思議とウマが合うのです。

年齢が離れていたり、偉い上司と新人社員といった関係でも、気が合う点は変わりません。あなたが年下でも、他の上司の前ではつい緊張してしまうのに、この人の前だとジョークの一つも口にできてしまう、そんな気楽さを感じることができるでしょう。

あなたが年上の場合も、自分の若かった頃をなつかしく思い出して、相手に好意的に投影してしまったり、「何とか育ててあげたい」「助けてあげたい」と手を差し伸べたくなってしまうはずです。

あこがれの人として登場

相手はあなたにとってあこがれの人として登場します。「こんな人とぜひ、つき合ってみたい」と素直に感じてしまうでしょう。ただし、相手が社会的に高い地位についていたり、モテモテのタイプで、いつも多くの信奉者が取り巻いていたりすると、「自分など、相手にしてはもらえないだろう」と、最初から恋愛戦線から下りてしまったりしがち。

しかし、諦める必要はありません。相手もかなりあなたのことが気になっているはずだからです。とりあえず、アプローチしてみる価値はあるのです。交際が始まってみれば、自分の不安や劣等感は思い過ごしだったことがわかるでしょう。ただし、交際が長引いてくるにつれて、相手へのあこがれは萎んでくるかもしれません。

自分0画×相手4画

相手は先入観が強いタイプ

気持ちがなかなか伝わらない相性です。特に、相手は先入観が強いため、あなたの第一印象がパッとしないと、その悪いイメージを引きずってしまいがちです。相手に好感を持たれていないと感じたなら、早いうちにマイナスイメージを払拭する努力が必要です。

相手が先輩や上司であれば、信頼を勝ち取るべく、フレンドリーかつ礼儀正しい姿をアピールし、仕事や義務に頑張っているところを見てもらいましょう。「案外、真面目な奴なんだ」と思ってもらえれば、しめたもの。一度、信頼を得れば、その後はスムースにコミュニケーションを取っていけるでしょう。

相手が趣味仲間といった損得勘定とは関係のない間柄であれば、飲み会といったイベントを上手に利用して、あなたから心を開いていけばＯＫです。

距離の取り方に工夫を

あなたと相手では、恋愛に対する考え方がかなり違っているようです。たとえば、あなたは楽しい交際がしたいのに、相手はお互いが成長していくような恋愛でなければいけない、と思っているでしょう。あなたのほうはできるだけ衝突は避けて穏やかにつき合いたいと思っているのに、相手のほうは、理解し合うためには徹底的に議論し合う必要があると考えているかもしれません。

まずは、相手がどんな交際を望んでいるかを知って、許容できる範囲で、相手のペースを受け入れてあげることが、交際を成立させ、うまくやっていくためのコツといえます。

つき合っていくうちに、相手との距離の取り方や、会話での落としどころといったもののベストなポイントがわかってきます。

自分0画×相手5画

大らかな気持ちで接して

最初は相手に対して不快感や嫌悪感を感じてしまうかもしれません。あなたの痛いところを突いてくるようなところがあるからです。

とはいえ、誰に対しても同じような態度を取っているのがわかってくるでしょう。特別、あなたを敵対視しているわけではないのです。

それがわかってしまえば、後は、一定の距離を保ってつき合っていけばいいだけ。この人と接する時は、ちょっとくらいカチンときても、腹を立ててはいけません。

ただし、たまには、不愉快な気持ちを素直に表してみるのも効果的。知らず知らずのうちに、「このくらい言っても大丈夫」と、あなたを軽んじているかもしれないから。たまにはガツンとぶつかり合うことで、逆に理解が深まり、信頼も生まれます。

なぜか惹かれてしまう

とても魅力的な相手だけれど、根本的なところでは違いが大きく、相性もよくないだろうと、きっとあなたは思っているはずです。そして、その直感はかなりの確率で当たっているようです。

とはいえ、恋愛の面白いところは、だからといって恋が生まれないわけではないという点です。「合わないと思うけど、何だか惹かれてしまう」というのが、二人の相性だからです。相手があなたに興味を示してアプローチしてきた場合は、周到に作戦をめぐらしているので、気がついたら、あなたは相手の包囲網にとらわれている可能性が高いでしょう。

めくるめく恋の罠に落ちてみるのも、楽しい経験となるはず。つき合ってみてどうしても着地点が見つからなかったら、その時点で別れを選ぶのも恋の醍醐味かもしれません。

自分0画×相手6画

相手側が優位に立つ相性

あなたも相手もニュートラルなつき合いを望んでいるのにかかわらず、なぜか、気がつくと相手が優位に立ってしまいがちな相性です。相手を前にすると、あなたはつい遠慮しがちになったり、おいしいところを相手に譲ってしまったりするでしょう。

特に、相手が上司や年長者だと、その傾向が強くなりがちです。相手を立てようとする気持ちが働いてしまうからです。でも、それは悪いことではありません。むしろ、上下関係があるような場合には、お互いのポジションがより明確になるので、ラクに仕事や作業を進めることができるはずです。

友だちや趣味仲間といった、損得の生じない関係であるならば、時にはあなたのほうが甘えたり、わがままになっても大丈夫。本音が見えて、むしろ相手もホッとするでしょう。

きっかけまで時間がかかる

交際のきっかけをつかむまでには、やや時間がかかりそうです。あなたが好意を抱いた時は、相手にはすでにパートナーがいたりするかもしれません。あるいは、デートの約束をしても、仕事などでキャンセルが続いてしまったりしがちです。

それでも、やっぱり「好き」という気持ちが消えないのであれば、いずれチャンスが訪れるでしょう。そうなれば、しめたもの。二人はめくるめく恋の世界に落ちていくことになるでしょう。

相手を知れば知るほど、あなたはこの出会いが運命のものだと感じることになります。自分と共通の感性を、相手が持っていることがうれしく感じられるでしょう。「ずっと一緒にいたい」と思っているのは、相手も間違いなく同じはずです。

自分0画×相手7画

ライバル心が生じやすい

どちらも本来、温厚なタイプであるはずなのに、なぜか、この相手に限ってはライバル意識がむくむくと湧いてきやすい相性です。

特に、あなたのほうはいつもと変わらず、平静でいようと心がけているのに、相手のほうが敵がい心ありありの態度を示してきたりします。相手も、そんな自分を不思議に思っていたりします。本当は競い合うつもりではないのに、なぜか、あなたの顔を見るとスイッチが入ってしまうのです。

それでも、クラスメイトや同期入社、部活動仲間といった間柄であれば、ライバルとして競い合い、お互いを高め合うことができるので、プラスに働くことも多いでしょう。

問題は、相手が上司や先輩のケースです。ライバル心を煽らず、相手を立ててあげる姿勢が大事です。

アピールしだいで一気に

相手があなたに好意を感じているとすれば、その愛情を隠さずに表してくれるでしょう。ストレートなほめ言葉やデートの誘いを受けたりと、実にわかりやすいアプローチをしてくれるはず。とりあえず、相手の誘いに乗ってみればいいでしょう。ロマンティックな恋愛シーンを望むのは無理かもしれませんが、熱い気持ちをストレートにぶつけてくる相手に爽快感を抱くはずです。

とはいえ、あなたのほうは好意を感じているのに、相手にその気がない、というケースでは、恋が燃え上がるまでには時間がかかるかもしれません。まずは、相手の目に留まることを心がけてください。古典的だけど、見かけに気を配り、思わせぶりな言葉やしぐさをちりばめて、アピールするのもおすすめです。

自分0画×相手8画

リスペクトの気持ちを持って

初対面の印象は、「面倒くさい人」というものかもしれません。真面目で頑固そうなイメージが漂ってくるからです。

何かと気を遣いながら、対応をすることになるでしょう。一緒にいるだけで気疲れしてしまうことも。でも、やがて相手の生真面目さやブレない考え方が信頼に値するものだと感じられ、好ましくなってくるでしょう。特に、相手が上司や先輩であれば、頼もしい人物だと評価できます。

相手のほうも、あなたのことをいろいろ気が回る、有能な部下だと思っているはずです。何よりも、理不尽な事態が起こった時には、身を挺してあなたを守ってくれる存在と化すでしょう。リスペクトの気持ちさえ、つねに持ち続けていけば、最高の関係が築ける相性なのです。

恋のペースはスローです

相手の心に入り込むまでに、かなりの時間がかかりそうです。というのも、相手は恋愛といえども、浮かれ騒ぐことなく、マニュアルどおりに生真面目に進めていきたがるからです。挨拶をかわすところから始めて、おしゃべりを楽しめるようになっても、まだまだ、告白は無理、なんて調子で、実にまどろっこしい様子だからです。

そのため、あなたのほうは、恋のペースがあまりにスローなために、恋心が冷めてしまう可能性もないとはいえません。「でも、そんな不器用さがまた魅力」と思えるようになれば、恋の勝者は相手と決まったようなもの。遅々として進まない恋愛関係にイライラしながらも、つき合ってしまうことでしょう。タイプが違いすぎて相性の悪いカップルに見えても、実は案外、似合いの二人かもしれません。

自分0画×相手9画

あなたから心を開いて

たとえ、学生や同僚という関係であっても、自分が属しているグループと、相手の属しているグループに接点がないため、最初は言葉を交わすチャンスが訪れないかもしれません。

しかし、何かのきっかけで知り合うようになれば、お互いに、ちょっと面白いヤツだな、という印象を持つはずです。そして、お互いの価値観や人生観の違いを、むしろ興味深く感じて、励まし合ったり、慰め合えるような関係になるでしょう。それぞれの弱点をカバーし合える間柄といえます。

しかし、上司と部下といった上下関係や損得の生じる関係であれば、気さくに語り合うような間柄は難しいでしょう。時間をかけて、あなたのことを理解してもらうしかありません。あなたから心を開いていけば、相手も徐々に応えてくれるはずです。

チグハグながらも好相性

恋愛が自分と違うものを相手に求めるものだとしたら、二人はなかなか好相性のカップルといえます。あなたが映画でも見に行って、まったりデートしたいといえば、逆に相手は青空の下でジョギングを楽しむというようなアクティブなデートを提案してくるでしょう。でも、そんな相手のデートプランも、きっとあなたには物珍しく感じられるはず。相手のほうも、たまには、まったりデートもいいなあ、と思ってくれるはずです。

「お互い、好みも趣味もまったく違うのに、なぜか、仲良しなんだよね」と、二人で笑い合える、素敵な関係といえます。

一人だけの世界が、相手とつき合うことによって二人分以上の世界に広がる、そんなワクワクする感覚がこの恋には漂っているでしょう。

自分1画×相手0画

無意識の一言に要注意

つい、ズバズバと言いたい放題の言葉を口にして、相手をおじ気づかせたり、傷つけてしまわないように気を遣う必要があります。

特に、あなたが上司や先輩なら、何気なく言ったひと言が、相手の心にグサリと突き刺さることがないとはいえません。とはいえ、堂々としたあなたの姿や行動は、強い信頼感を抱かせているはずですから、「何があっても、部下を守ってみせる」といったアピールはしっかりやるといいでしょう。

友だちや同僚、趣味仲間といった間柄の場合は、一度や二度は、衝突するかもしれません。でも、そこで丁々発止と議論を戦わせたり、本音を口にすることで、お互いの距離が縮まってきます。逆に、ぶつかり合うチャンスがないうちは、なかなか打ち解けられないかもしれません。

性急なアプローチは禁物

追えば追うほど、相手は逃げていってしまうでしょう。性急なアプローチは、かえって恋の炎を消してしまうことになりかねません。むしろ、ここはじっくりと構えて、相手の出方を待つほうが得策。

もし、相手が無反応であれば、初めて、デートに誘ってみるといいでしょう。また、共通の友人に協力してもらって、皆で楽しむチャンスを増やすのもおすすめ。他の人も一緒だとわかれば、相手の警戒心はグッとゆるくなるはずです。

ただし、交際が始まってからも、あなたの一方的なリードにならないように気をつけて。3回に1回は、相手の望むデートを心がけてください。相手から「自分のことをちゃんとわかってくれる人」だと評価されれば、恋の進展もスムースになるでしょう。

自分1画 × 相手1画

よき友人であり、よきライバル

よき友人であると同時によきライバルとして競い合っていける関係です。

フランクにおしゃべりを楽しみながらも、心のどこかで「アイツだけには負けたくない」とファイトを燃やすことになるでしょう。さほど年齢が違わない同士、特に同期入社とくれば、競争心がますます湧いてくるはず。しかも、あなたと相手がライバル心を燃やしながら努力を重ねる姿は、職場にもよい刺激や活気を与えることになるでしょう。年齢を経てそれぞれがキャリアを積み上げたあとは、最高の友人として、親しくつき合っていけます。

上司や年長者の場合は、あなたのやる気や頑張りを称賛してくれるケースもあれば、自分の立場が危うくなると悲観して足を引っ張ろうとするケースも。後者なら相手を立てて、リスペクトする姿勢が必要です。

和気あいあいのおつき合い

和気あいあいの交際ができる、相性のよい二人です。感受性や趣味嗜好がよく似ているため、出会ってすぐに打ち解けることができるでしょう。もし、親しくなるチャンスがなかなかつかめないのであれば、相手が入っている趣味のサークルに参加するのがおすすめです。一度言葉を交わして話が弾めば、友人から恋人同士に進展するのは時間の問題です。

とはいえ、交際が長くなってくると、お互いにわがままが出てくるため、ケンカすることもありそう。どちらも意地っ張りの一面があるため、仲直りにきっかけはあなたから申し出たいもの。つまらない意地を張って寂しい思いをしているうちに、他のライバルに相手を奪われてしまう、なんてつまらない思いはしないように気をつけてください。

自分1画×相手2画

ペースの違いがチグハグ感に

お互いのペースが違うので、一緒にいてもチグハグな感覚を覚えてしまいがち。あなたが面白そうな話題をいろいろ提供しているのに、相手はちっとも乗って来ない、なんてケースもありそう。もともと価値観も人生観にも隔たりがある二人なので、そう簡単に親しくはなれないでしょう。

とはいえ、共通の知り合いがいたり、好きなスポーツ選手が同じというような、ごく小さな事柄がきっかけで、親しくなる可能性は十分にあります。一度親しくなってしまえば、意外と本音のつき合いができそうです。

また、あなたと価値観や人生観が違うだけに、悩んでいる時こそ、話してみたい相手です。予想もしなかった答えやアドバイスが返ってきて、目を開かされたり、新たな方向性を示してもらえるでしょう。

あなたがリードして

何を言っても、やさしく受け止めてもらえる相手です。あなたのほうから声をかけていけば、親しくなるまでにそう時間はかからないでしょう。

相手からのアプローチを待っていては、恋の進展はやすやすとはいかないはず。相手のほうは、どんなに好意を感じていても、もし拒絶されたらと思うと、臆病になってしまうからです。本人は恋心を隠しているつもりかもしれませんが、傍から見れば、その愛情はバレバレ。好かれているとピンときたら、あなたから即アプローチしてあげればＯＫです。

基本的にあなたがリードしていくのがいちばん。工夫して、相手を楽しませましょう。たとえば、スポーツ観戦やテーマパーク巡りを楽しんだり、近場の温泉でまったりくつろいだり、おしゃれして食事に出かけるなど、手間暇を惜しまないことが大切です。

自分1画×相手3画

似た者同士で居心地バツグン

居心地のよい関係を築ける相性。

まったく同じというわけではありませんが、趣味や嗜好、感性といったもので似ている部分が少なからずあるため、お互いに何となくわかってしまい、安心してつき合えるのです。

年齢が近かったり、同じサークルならば、すぐに打ち解けて楽しい交友が始まるでしょう。同僚同士であれば、どちらともなく誘い、連れだって飲みに行き、仕事の憂さ晴らしをしたり、気にくわない上司の噂話に興じたりすることも少なくなさそうです。

逆に、相手が上司や先輩ならば、どんなに仲良くしていても、一定の距離感は忘れないこと。何でも笑って受け止めてくれるからと、同等の間柄であるかのように錯覚してしまうと、図に乗り、失言してしまう可能性があるので、気をつけてください。

楽しい交際が望める相手

楽しい交際が望める、相性のよい二人です。面白いことに気分や行動の周期がかなり似ているのです。たとえば、あなたがパーッと憂さ晴らししたいと思っている時は、相手もきっと同じような気分で、連れ立って遊びに出かけることができるでしょう。

最初のうちこそ、他の友人を交えたりしていても、徐々に二人きりでも楽しく過ごせると思うようになるはずです。まだ確実に想いを伝えていないのであれば、今からでも遅くはありません。思いきって、あなたからデートに誘ってみてください。

もちろん、どんなに相性のよい二人であろうと、たまにはケンカすることもありそうです。相手への不満を吐き出し、本音を知ることも時には必要です。ただし、自分の気持ちを押しつけるよりは、まず、相手の意見に耳を傾ける余裕が大切です。

自分１画 × 相手４画

自然体で接して

相手にとって、あなたは目障りな存在と映っているようです。相手がほんの少し年上だったりすれば、間違いなくあなたを抑えにかかってくるはずです。特に、同じ職場の先輩と後輩といった間柄であれば、あなたに先を越されないようにと、相手は必死になるでしょう。

年齢もキャリアもかなり違うのに、あなたを目の敵にしたり、面倒な言いがかりをつけてくるのであれば、相手の器は小さいと思って間違いありません。そんなケースでは、あなたは自然体で接していけば、いずれ、相手のほうが折れてくるはずです。

幸いにして、あなたのほうが先輩であれば、あなたからフレンドリーに接して、味方につけてしまうのもいいでしょう。相手にはとても真面目で努力家の面がありますから、味方にしておけば、将来、助けてもらえる可能性が十分にあります。

理解の及ばない点が魅力

相手はすべてを自分の思うままにコントロールしたいタイプです。もちろん、恋愛に関しても同様です。したがって、自分の気持ちの盛り上がりに任せてアプローチしてきたかと思うと、音沙汰がなくなったりしがち。なしのつぶてなのは、仕事に忙殺されているせいかもしれませんが、あなたから見れば、何とも理解しかねる人に見えてしまうでしょう。

とはいえ、そんな理解不能なところが、魅力なのかもしれません。あなたの想像を超えた人なのです。

そんな二人ですから、相性も決してよいとかいえないし、交際が始まってからも、平行線をたどるような感じです。でも、いつかは二人の意識が交わる日が来るかも……という期待がある限り、恋愛感情が消えることはなさそうです。

自分1画 × 相手5画

先手を打ち優位に立ちたい

お互いに先手を取って自分のリードに持ち込みたい、という意識が強いようです。

同僚やクラスメイトといった、上下の差がないような関係にあっても、優位に立ちたいとどちらも思ってしまいます。たとえば、妙に相手の存在を気にしながら、発言してみたりするのです。また、敢えて無視するような行動を取ることも。

しかし、それは意識しすぎのせいであり、主導権を渡したくないがため。しばらくはバトルを繰り返しますが、徐々に、お互いがリードするシーンの区分けがついてくるはずです。そうなれば、よきライバルでよき友人という関係が成立します。

ただし、相手が上司や先輩である場合は、あなたのほうが不利な立場かも。嫌々ながら、相手を立てなければいけないシーンが少なくなさそうです。

絶好の相性のカップル

恋をする以上は思いきり二人の時間を楽しみたい、という共通認識で一致しています。したがって、相性もとてもよいカップルといえるでしょう。

出会ったとたん、「この人は運命の人に違いない」と、相手のほうが思い込んでしまう可能性があります。そして、その直感にしたがってアプローチを仕かけてくるのです。ただし、アプローチ自体はストレートではなく、あの手この手で攻めてきたりと、なかなかの頭脳派ぶりを発揮するはずです。

あなたのほうは、さすがに運命の人とまで思い込むことはないでしょう。でも、一緒にいたら楽しいだろうと想像できるので、つき合ってもいいと気軽に感じるはずです。交際がスタートしてからは、順調な進展が望めるでしょう。たまのケンカさえも、ちょっとした恋のスパイスに感じられそうです。

自分1画×相手6画

一致団結する最高のコンビ

楽しいことや前向きなことに対しては、二人とも気持ちが盛り上がり、一致団結して進むことができる相性です。同じクラブに属しているとか、プロジェクトチームを組む同僚、といったケースでは、最高のコンビとなるでしょう。

相手が上司という場合、最初の頃のあなたの印象が大きくモノを言いそうです。「信頼できる人」とか「面白そうな人」と思ってもらえれば、あなたに大きな仕事を任せてくれるでしょう。残念ながら、あまりよい印象を持たれていないようであれば、まずは評価アップを目指すべきです。多少スタンドプレイぽくってもかまいませんから、大いにやる気をアピールしてみましょう。評価が上がれば、風通しのよい関係が築けます。また、打ち上げのセッティングはお任せ、と思ってもらえれば、しめたものです。

初対面でドラマティック展開が

出会った瞬間、めくるめく恋に落ちてしまうような、ドラマティックな相性。まだあなたの片思いであれば、相手に対するインプレッションが足りないのでしょう。好みをしっかりチェックして、演出してみるべきです。楽しいシーンに身を置くことで、二人とも気持ちが盛り上がるタイプなので、周囲に協力してもらって、和気あいあいのグループデートを設定してもらうのもおすすめです。

交際がスタートしてからも、楽しいことを探しながらデートを続けていけばＯＫです。誕生日やクリスマス、バレンタインといったイベントには、大いに工夫を凝らしたいものです。とはいえ、時には気持ちが乗らないこともあるでしょう。そんな時こそ、じっくりと語り合ってみれば、二人の距離もグンと縮まるはずです。

自分1画×相手7画

何となく気が合う不思議な相性

何となくウマが合ってしまう、不思議な相性です。しかも、面白いことに、二人に年齢差があるほど、ラクにつき合うことができるでしょう。相手が先輩や上司といった場合、あなたは自然と相手を立てることができるでしょう。相手も、好ましく感じて、目にかけてくれたり、引きたててくれるはずです。あなたが年長者である場合、余計な気遣いをしなくてもすむため、他の部下や後輩に接する時ほど面倒がなくていい、と感じるでしょう。

年齢が近いとか、同期入社といったケースでは、気は合うのですが、ライバルとして意識する場面も少なくないかもしれません。あなたや相手に意識がなくても、周囲が何かと二人を比較する可能性も高いでしょう。結果的には競い合い、切磋琢磨することで、二人とも大きく成長することができるのです。

電撃的に惹かれる

出会った瞬間、強く相手に惹かれてしまうでしょう。魅入られたように、寝ても覚めても、相手のことが頭から離れなくなってしまいます。相手のほうも、あなたが好意を感じていることをすぐに悟って、それなりにいい気分でいるはずです。

相手に主導権を渡してしまうのは不本意かもしれませんが、それでも、交際が始まりさえすれば、それで満足してしまうでしょう。

とはいえ、時には、恋の罠に落ちてしまった自分を認めたくなくて、思わず、相手の存在を無視しようと頑張ってしまうケースもありそうです。ちょっとした欠点やすれ違いをオーバーに取りあげて、相手を嫌うための理由づけにしたりしがち。目障りなタイプだと思うのは、実は自分の恋心にフタをしているからだと、やがて気づくことになるはずです。

自分１画 × 相手８画

頑固な相手に手を焼きそう

相手の頑固さに手を焼くことになりそうです。相手が上司や先輩の場合、ちょっとした一言が火種となりがちです。批判がましい態度をとってしまったり、不満を口にしたととらえられかねません。関係が悪化する前に、第三者に入ってもらい、衝突を回避するように心がけたいものです。

とはいえ、相手は一本気で真面目な人ですから、一度、信頼関係が生まれてしまえば、その後はラクにつき合っていけます。

あなたが年上の場合は、相手だけを特別扱いにせず、他の同僚と同じように扱うことが大事です。

年齢が近いのであれば、適度な距離感を取りつつ、つき合っていきましょう。急に親しくなったりするのは避けたいもの。余計な感情が入り込んでしまい、かえってぶつかり合ってしまいがちです。

恋愛のツボがずれている

あなたが好意を感じたとしても、相手はなかなか隙を見せないタイプなので、アプローチのチャンスも見つけにくいでしょう。何とかアプローチしたとしても、はっきりした返事も聞けなくてモヤモヤが募ってしまいそうです。

あなたと相手は恋愛のツボがずれているというか、残念ながら、相性のよいカップルとは言いかねるのです。ただし、簡単に手に入る恋よりも、先の見えない恋のほうがドキドキ感は増すものです。好きになってしまったなら、紆余曲折を楽しむくらいのつもりでいましょう。

デートの約束までこぎ着けても、何らかの理由をつけられてキャンセルの憂き目に会う、なんて序の口です。諦めずにアプローチし続ければ、突然、相手の心にするりと入り込める日がやってきます。

自分1画×相手9画

相手に何かと振り回される

相手に何かと振り回されてしまいそうです。同年齢であれば、相手からちょっかいを出してきて、いつの間にか友だちになるパターンが多いでしょう。同僚であれば、飲み会の席で上司の悪口をあれこれ言い合って意気投合するといったケースになりそうです。

相手にはかなり自分勝手でマイペースなところがあります。あなたのほうが相手に合わせたり、あれこれ気遣いを示したりすることになりがちです。

相手が上司や先輩といった場合は、かなり大変です。気まぐれな態度や意見に振り回されることも少なくないでしょう。とはいえ、周囲までもあなた同様に振り回されている状態であれば、諦めの境地に至りそう。一定の距離を置いたつき合いに変えていくしかなさそうです。

自分のペースを保って

相手は思わせぶりな態度を取ってくるかもしれません。それで、アプローチしてみると、気のない返事が来たりして、とらえどころがありません。

でも、実は手に入れたと思った瞬間、するりと逃げていくような相手だからこそ、あなたのドキドキ感はますます高まっていくのです。相手のほうも、あなたとの恋にどっぷりとはまってみたい気持ち半分、いつまでも自由でいたい気持ち半分で、揺れ動いているのでしょう。

スリリングな恋を楽しめる相手としては、相性はよいほうだといえるでしょう。ただし、長く交際していくには不安定な要素が多すぎるのも事実。相手をうまく自分のペースに引き込むことができるかどうか、あなたの手腕に、恋の行方はかかっているようです。

自分2画×相手0画

上下関係ができやすい

あなたのほうが何やかやと気遣いをさせられてしまいそうです。でも、一生懸命、気を遣っていることに、なかなか相手は気づいてくれそうにありません。特に、上司や先輩といった場合、「立ててもらうのが当然」だと感じていそうです。

立場上、上下関係が生じるのは仕方がないことですが、精神的な部分まで上下関係に縛られる必要はありません。理不尽だと思える要求には、ＮＯという勇気も必要でしょう。

同僚やクラスメイトといった関係でも、相手のわがままにつき合わされるケースは少なくないでしょう。相手にとっては、あなたは気軽に誘ったり、面倒なことを気安く頼める存在なのです。とはいえ、相手から楽しいお誘いがあったり、一緒にいることで面白い体験をすることもあるはずです。

相手の暴走をとめて

相手のほうがあなたの歓心を得たいと躍起になりそうです。ジャスト相手の好みだからです。さまざまな方法でアプローチされるので、最初のうちこそ、あなたもよい気分になるかもしれませんが、恋の手綱まで相手に取られてしまわないように気をつけましょう。

相手の一方的なリードのまま、交際をスタートしてしまうと、すべてが相手の意見や考えで進むようになってしまい、あなたの気持ちや意識が無視されてしまうからです。

時々立ち止まって、相手のよいところやマイナス面をしっかり見定めること。自分の考えや気持ちをしっかりと口にするように心がけること。この二点を守ることで、相手の暴走を止めることができ、フィフティ・フィフティの関係を築き上げることができます。

自分2画 × 相手1画

裏でしっかり手綱を取って

あなたから見れば、相手はかなりの単細胞です。物事に表と裏があるなどとは全く思っていなくて、自分の気持ちを素直にあらわし、自分の意のままに行動していくタイプだからです。

相手が上司や先輩といった年長者であれば、あまり心配はいらないでしょう。適当に立ててあげ、気遣いさえ示しておけば大丈夫。相手がリードしているように見せかけて、裏ではあなたのほうがしっかりと手綱を取ってしまえばいいのです。

逆に、同僚やクラスメイトといった平等の立場のほうが、かえって面倒かも。意見がかみ合わなくて衝突することも少なくないでしょう。遠慮すると余計、二人の関係がこじれる可能性もあります。下手に小細工せず、正直につき合っていくしかなさそうです。

かみ合わないからこそ惹かれる

相性的には水と油のようにかみ合わない二人ですが、それこそが、お互いに惹かれ合う要因といえるでしょう。相手のことがなかなか理解できない、よくわからないからこそ、「この不思議な感覚は何だろう？もっとよく知りたい！」と思ってしまうのです。

相手のほうが、その「もっともっと知りたい！」気持ちをストレートにぶつけてくるでしょう。情熱的なアプローチを立て続けに仕かけてきて、相手の強引さに押しまくられてしまうかもしれません。

とはいえ、あなたを手に入れてしまうと、相手の情熱は半減してしまうので、百パーセント、相手を受け入れてしまうのは考えものかもしれません。

手の内をすべてさらけ出してしまわず、恋の駆け引きを楽しむつもりで、あなたからもアプローチを仕かけていくと、恋の進展も早まります。

自分2画×相手2画

スムースな友好関係

リスペクトし合う気持ちを持ち合わせているので、スムースな友好関係が成立するでしょう。どちらも遠慮して譲り合ってしまうきらいがありますが、上司と部下という関係であれば、その心配もありません。

相手が上司や先輩であれば、気遣いを示してくれ、適切な指示を与えてくれるでしょう。時には厳しく接してくることもありますが、それはあなたを成長させたいという親心のようなものです。

年齢が近く、同僚やクラスメイト、部活動の仲間といった関係であれば、悩みを抱えた時や迷いが生じた時、誰よりも力になってくれる相手です。素直に打ち明けたり、助けを求めてみるのがおすすめ。同じ時間を共有していくことで、一生涯を通じてつき合って友人関係ができあがるでしょう。

地道に愛を育んでいける

お互いに遠慮してしまい、なかなか恋が始まらないかもしれません。でも、相性はとてもよいので、好意を感じているのであれば、思いきってアプローチしてみるといいでしょう。相手も実はあなたから誘われるのを今か今かと待っているはずです。

あなたにその気がないというケースであっても、とりあえず、友だちづき合いを楽しんでみるとラッキー。徐々に、相手の長所や魅力が見えてくるでしょう。一気に燃え上がるような恋ではありませんが、気がついてみたら、あなたの心の中に相手の存在がしっかりと根を張っていたりするかもしれません。

交際がスタートしてからは、地道に愛を育んでいけるカップルです。特に、何らかの障害が現れた時、協力して乗り越えることができ、それがより愛を深める結果となります。

自分2画×相手3画

すんなり打ち解けられる

フレンドリーに接してくる相手なので、人づき合いがあまり得意でないあなたも、すんなりと打ち解けることができるでしょう。

特に相手が上司や先輩といったケースであれば、何やかやとあなたを気遣い、世話を焼いてくれそうです。二人の関係が近すぎるために、煩わしく感じることもあるかもしれませんが、やはり頼れる存在であることに間違いないはずです。

あなたが上司や先輩であれば、なついてくる後輩や部下を可愛いと思うでしょう。有能な部下に育てていけば、何かと助けられるシーンも増えそうです。

同僚や同年代の仲間といった関係であれば、楽しいお誘いを仕かけてもらえるはずです。相手のお陰で新しい世界に足を踏み入れることができたり、交友が広がったりしそうです。

当たって砕けろ精神で

相手があなたに好意を持っているとすれば、どんどんアプローチを仕かけてくるでしょう。相手はとりあえずつき合ってみなければ、相性がよいかどうかわからない、と考えているはずです。交際しながら、お互いのことを理解していけばいい、というのが相手の考えなのです。

あなたは、相手のことを理解していないと好きにもなれないと思っているはず。でも、そんなあなたの懸念など、おかまいなし。あれよ、あれという間に、相手のペースに巻き込まれてしまいそう。でも、意外とそれがラクだったりする間柄といえます。

あなたが好意を感じている場合、相手の反応をうかがっているばかりでは、なかなか恋が進展しないかも。「当たって砕けろ」の精神で、まずはアプローチしてみたいものです。

自分2画 X 相手4画

自分の世界を大切にし合う

それぞれが自分の世界を持っていて、それを大切にしたいと思うタイプです。上司と部下の関係であれば、ビジネスライクに淡々と仕事をこなしていけるでしょう。仕事は仕事、プライベートはプライベートときっちり分けている相手なので、余計な気遣いをせずにすむでしょう。ただし、意見や方針が対立した場合、解決に時間がかかったり、感情のしこりが残る可能性もありそうです。

同僚やクラスメイト、部活動の仲間といった関係であっても、一定の距離を保ったつき合いになるでしょう。それぞれ属しているグループが別にあり、顔見知りではあるけれど、それほど親しくはない関係が続きそうです。きっかけがあるとすれば、共通の友人がいて同席する機会が重なり、言葉を交わすチャンスが増えた場合に限られるはずです。

時を重ねることで深まる愛

相手がアプローチしてきても、あなたはなかなかその気になれないかもしれません。決してあなた好みの相手とはいえず、共通の話題も少なかったりして会話も盛り上がらないためです。

逆に、あなたのほうが相手に好意を抱いているのなら、相手につまらない人だと思われないように、いろいろ工夫する必要が出てきます。まずは同じ趣味を持ち、それを会話のきっかけにするのがいちばんです。二人だけだと話が盛り上がらない、というのであれば、周囲に協力してもらうのもいいでしょう。

相手の気持ちがわからなかったり、理解できない行動をされたりして、スムースな交際とはいかないかもしれません。とはいえ、一緒の時間を重ねていくことで、愛は徐々に深まっていきます。素直に愛情を表すことが何よりも大切。

自分2画×相手5画

ユニークな個性を受け入れて

相手の個性を面白がれるかどうかが、カギとなる相性です。感受性や考え方は全く違う二人なので、同僚とかクラスメイトでも顔見知り程度の関係で終わってしまうかもしれません。

相手が直属の上司や先輩となり、毎日、顔を突き合わせるようになった場合、あなたのほうはかなり戸惑うかもしれません。相手の言葉がジョークなのかどうか、今一つピンとこなかったり、ここは笑っていいところ?と、思ってしまうこともありそう。

慣れてくれれば、相手の呼吸に合わせて行動を取ることもできるようになってくるでしょう。基本的に相手にリーダーシップを取ってもらえばいいので、あまり深刻に考える必要はありません。

相手が部下や後輩の場合、個性的すぎる言動に多少、手を焼くこともありそうです。

パートナーシップを発揮して

自分にはない感性やモノの捉え方をしている相手がとても新鮮に映り、すぐに恋に落ちてしまう二人でしょう。慎重派のあなたには珍しく、一目ぼれのケースもありそうです。共通点が少ないにもかかわらず、不思議と話がはずみ、一緒にいることが楽しくて仕方がないと思えるはずです。周囲からも意外な組み合わせだとビックリされるかもしれません。

たとえ交際が長くなっても、相手にはこんなところがあったんだと、新たな発見をすることもありそうです。問題は、結婚話が出てきてからです。それまでに、お互いの人生観をしっかりと理解し合い、話し合っておくことが大事です。

二人なりのコンセンサスができていれば、それぞれの個性を生かしながら、パートナーシップを発揮して幸せな人生を歩んでいけるでしょう。

自分2画×相手6画

ノリのよさに引きずられて

要領がよくて如才のない相手に、あなたは不信感を抱くことが多いでしょう。いくらフレンドリーに接してもらえたとしても、口先だけで心がこもっていないような気がしてしまうからです。

とはいえ、あなたが上司や先輩という立場であれば、そつなく仕事をこなし、周囲とうまくやっていく相手はそれなりにありがたい存在だと思えるようになるでしょう。特に、他に手がかかる部下を抱えているなら、その思いは強くなっていきます。

あなたが部下や後輩という立場であれば、一定の距離を置きながらつき合っていくことになりそうです。

同僚やクラスメイト、サークル仲間といった間柄であれば、デリカシーのない人だと感じることもたまにありますが、ノリのよさについ引きずられて交友を続けていくことになりそうです。

とりあえずアプローチしてみる

相手から矢つぎ早に繰り出してくる情熱的なアプローチに押しまくられてしまうことになりそう。好かれているというされしさもありますが、相性がよくないのでは、という一抹の不安もよぎりそうです。

とはいえ、実際に交際してみると、始終リードしてくれる相手を頼もしく思えるはずです。

問題は、あなたのほうが片思いの場合。相手の人柄と考え方がわからないうちは、なかなかアプローチの勇気が出ないかもしれません。しかし、グズグズして迷っているうちに、ライバルに相手を奪われてしまう可能性も十分にあります。とりあえずアプローチしてみて、交際がスタートしてから、二人の関係を築いていけばいい、というくらいのラフな意識が大切です。案外、つき合ってみれば、一緒にいてラクな相手だと感じられるはずです。

自分2画×相手7画

相性がよく成長できる

職場においては相手の発想力や的確な判断が大きな力になるでしょう。仕事上の関係としては、とてもよい相性の二人といえます。

特に相手が上司や先輩であれば、頼りがいのある存在となるでしょう。厳しい指導や指示を受けることもありますが、それを乗り越えることで、あなたも大きく成長することができます。相手もあなたの頑張りをきちんと認めてくれるでしょう。

あなたが上司や先輩であれば、有能な部下を持つゆえの煩悶もありそうです。真っ向から対立してくるケースもあるでしょう。しかし腹を割って話をすることで、信頼関係が芽生えてくるはずです。

同僚やクラスメイト、サークルの仲間といった間柄であれば、相手の活躍や言動に刺激されて、あなたのやる気も触発されるでしょう。

憧れの存在。アプローチして

自分にはない度胸や自信を感じて、まぶしく感じられる相手です。モテモテの相手に対して、自分なんてとても恋人候補にしてもらえない、と卑屈な気持ちになってしまうかも。でも、相手はあなたの気遣いや思いやり深いところを、ちゃんと見てくれています。案外、相手があなたにご執心かもしれないのです。迷っているなら、思いきってアプローチしてみるべきでしょう。

交際が始まってからも、感受性や考え方の違いで衝突してしまったり、淋しい想いをすることもありそう。しかし、そこからやっと、二人の恋が始まるのだと思うべきです。いちいち気持ちや意見をすり合わせていくのは面倒に感じられますが、徐々に、二人の気持ちが一つになり、愛情が深まっていくのを実感できるはずです。

自分2画×相手8画

あなたが譲る場面が多そう

意見が対立した時、あなたが譲ることで、穏やかな関係を築いていける二人です。相手は頑固で、自分のやり方や考えを変えたりするのは苦手だからです。あなたが折れたり、相手に寄り添ったりするケースが多いでしょう。

あなたが上司や先輩という立場であれば、やっかいな部下や後輩と思うこともしばしばです。とはいえ、上の立場という点を利用して、上手にコントロールしていくのが得策。相手の頑張りや努力を認めて、頼りになる部下だとおだててあげることも、時には必要です。相手が上司であれば、リスペクトしている姿勢をしっかりとアピールすることで、相手の気持ちも徐々に和らいでくるでしょう。

同僚やクラスメイト、趣味仲間という間柄であれば、適度な距離感を持ってつき合っていけば大丈夫です。

心安らぐ存在のあなた

相手にとって、あなたは心安らぐ存在と感じられるでしょう。他の人の前では肩ひじ張って頑張っていても、あなたの前に出ると、そんな鎧をはずすことができるからです。したがって、相手から一方的に愛情を示されるケースもありそうです。

もし、つき合ってみてもいいと思うのであれば、最終的にあなたが二人の関係を握ることができます。一見、相手がリードしているように見えるかもしれませんが、実はあなたの胸先三寸で、相手は幸せの絶頂に昇りつめたり、地獄に落とされたりするはずです。つき合ってみて、うまくいかないなら別れればいい、くらいの余裕で交際をスタートすればいいのです。

あなたが片思いなら、目に見えるアプローチがおすすめ。プレゼントを贈ったり手作り料理でもてなしたりして、愛を伝えましょう。

自分2画×相手9画

暴走に振り回されないで

相手の気まぐれや暴走ぶりに振り回されてしまいやすい相性です。

相手が上司や先輩といった立場であれば、急に面倒な仕事を割り振られたり、突然、飲みに誘われたりすることもありそうです。相手の気まぐれにもパターンがあることがわかってくれば、上手にかわせるようになるでしょう。打ち上げなどの気楽な場面で、さりげなく不満を伝えてみるのもいいかも。案外、自分が部下を振り回しているという感覚が、本人にはなかったりするからです。

あなたが上司や先輩といった場合は、相手がカーッとしている時は放っておき、冷静になったところで話し合いの場を持つのが正解です。

同僚やクラスメイトではあれば、お互いに違うタイプだからこそ、楽しくつき合えます。

新たな面を引き出してくれそう

一緒にいると楽しくて仕方がないと感じられるでしょう。自分の知らない世界を次々と教えてくれ、ワクワクする存在です。相手に触発されて、同じ趣味を楽しむようになったり、おしゃれの傾向が変わったりと、何かと刺激を受けます。

また、相手とつき合うことによって、自分の中に隠されていた、新たな才能が芽生えるかもしれません。

相手のほうも、あなたと一緒にすごす時間に幸せを見出すでしょう。自分とはまったく違う感性や考え方が、相手にとって新鮮に感じられるからです。

二人の場合、1+1が2になるどころか、3にも4にもなってしまうのです。あなたには積極性や行動力が加わり、相手には思いやりや気遣いの気持ちが生まれてきます。共に素敵な変身を遂げられる、素晴らしい相性です。

自分3画×相手0画

ミスしても大目に見てもらえる

気遣いあふれるあなたは、皆の人気者になれるでしょう。特に、年長者からは高い評価を得ることができます。したがって、上司や先輩との関係はとても良好で、初対面から、好意的な目で見てもらえるはずです。他の人なら厳しく叱責されても、あなたに関しては「いいよ。次の仕事で挽回してくれれば」とお目こぼししてもらえるでしょう。

ただし、あなただけ特別扱いしているとか、ひいきされていると感じる同僚も少なくありません。調子に乗らず、謙虚な姿勢を貫くことが大切です。

あなたが上司や先輩という立場であれば、相手が何を考えているかわからず、扱いにくい部下だと感じることもあるでしょう。でも、諦めずにあなたから働きかけてください。そうすれば、相手も徐々に心を開いてくれ、有能な戦力になってくれるはずです。

用心深い相手に誠意を持って

あなたが好意を抱いているなら、素直な気持ちでアプローチを仕かけていきましょう。相手は用心深く、なかなか心を開いてくれないかもしれませんが、そこで落ち込まないこと。あなたの愛情が誠意あふれるものであること、遊び感覚で声をかけているのではないことを、相手に伝えることが大事だからです。

そうして、相手があなたの愛情を確かなものだと感じたならば、徐々に、気を許してくれるはずです。

交際がスタートしてからも、あなたの愛情をはかるような言動を、相手が仕かけてくる可能性は高いでしょう。面倒ですが、そのたびにしっかり愛を伝えることが、二人の絆を深めるポイントです。

いつまでも積極的にならない相手に、あなたはいら立ちを感じるかも。でも、相手のペースに合わせて恋を進めていく度量が必要です。

自分3画×相手1画

気持ちが通じ合う好相性

気持ちが通じ合う好相性の二人。

特に、あなたが上司や先輩といった立場にあるなら、あなたの意を組んですぐに行動に移してくれるので、信頼に値する部下や後輩と感じられるでしょう。また、あなたが年長者だとか、ポジションが上だということを妙に気にしたり、臆することもありません。そんな相手に、あなたは素直さや誠実さを感じるはずです。

あなたが年下のケースでも、他の上司には気安く話せないことも、打ち明けられると感じられます。同僚やクラスメイト、趣味仲間といった間柄であれば、ツーカーとの関係で、好き勝手なことを言い合えるでしょう。信頼感が厚いからこそ、短所を指摘し合って、切磋琢磨し合い、共に成長することもできるのです。

全身全霊で受け止めてくれる

あなたの愛情を全身全霊で受け止めてくれる相手です。嫌われたらどうしよう、などと考えずに、素直にアプローチしてみるのがいちばんです。

相手が好意を感じているなら、先に行動してくるはずです。きっと受け入れてくれるはず、と思える雰囲気があなたには漂っているからです。

もちろん、同時に恋に落ちるケースも考えられます。その場合、周囲がビックリするほど短期間の間に恋仲になってしまうでしょう。

基本的に仲良しでいられる二人ですが、つきあっていくうちに、相手の意外な一面を発見してショックを受けたり、つまらないことでケンカしてしまうこともあるはずです。一時的には別れが頭をよぎるかもしれませんが、ちゃんと話し合い、歩み寄ることができれば、ほどなく愛情が戻ってきます。

自分3画 × 相手2画

役割分担がスムース

お互いに役割分担ができる関係です。相手は大まかな目標を立て、周囲との協調をはかりながら進めていくでしょう。ただし、細かな点までは目配りができないはず。その目が届かない詳細なところを、あなたがカバーすればうまくいきます。

メインは相手であり、あなたはサブに回る、というのが理想。ただし、あなたが部下の場合は、上司である相手が細部ばかりにこだわってしまい、肝心の大本の仕事が進まないケースもありそうです。

同僚やクラスメイト、趣味仲間であれば、あなたが面白いことを見つけてみて、相手に教えてあげるとか、イベントに誘って連れ出すといった関係になりそうです。せっかく誘ってあげたわりには、相手が不満を言い出したりケチをつけることもないとはいえませんが、笑って聞き流すのが得策です。

正直な気持ちを伝えて

相手は自分から愛情を注ぐよりは、とにかく愛してほしいという気持ちがとても強いでしょう。二人はギブ&テクというよりは、あなたから一方的に働きかけ、愛情を注いでいく関係です。

あなたが相手をうれしがらせたり喜ばせたりすることが楽しくて仕方がない、と思えるのは、アプローチが実るまでかもしれません。気持ちが通じて、相手を振り向かせてしまうと、相変わらず、愛情をほしがるばかりで、自分には注いでくれない相手がだんだんと負担になってきてしまうでしょう。

交際を続けていくためには、遠慮せず、自分の正直な気持ちを伝えることが大事です。相手のほうからも働きかけてくれ、愛を与えてくれてこそ、あなたも幸せに感じるのだということを、正直に打ち明けてください。

自分3画×相手3画

互いに励まし合える相性

お互いに励まし合い、高め合っていける好相性の二人です。特に、やる気が高まるペースや時期が同じなので、一緒のチームや同じプロジェクトに属している場合、素晴らしい結果を残すことができるでしょう。しかも、年齢やポジションに関わらず、よい業績が残せるはずです。

さらに、あなたも相手もスポーツクラブなどに属していて、ペアまたはチームで戦うという場合であれば、最高の成績が期待できるでしょう。最強コンビとして有名になったりするかもしれません。

また、ただの友だち同士で、特に損得の関係にはなく、勝敗にも縁がないというケースでも、優れた交友が成立するのは間違いないところ。一緒にいるだけで何となく楽しくなってくるとか、気兼ねなくリラックスできる相性だと実感するでしょう。

見栄っ張りを捨てるとうまくいく

相手のことが気になっているあなた。相手も間違いなく、あなたの存在にソワソワしているはずです。二人は自然と惹かれ合うカップルなのですから。

ただし、どちらも少々見栄っ張りところがあるかもしれません。自分からアプローチするよりは、相手からの誘いがあって初めて「じゃあ、まあ、つき合ってみようか」と余裕を見せたがるからです。

このため、二人の間に微妙な駆け引きが交わされるため、交際がスタートするまで時間がかかるかも。イライラ待ち続けるよりは、あなたから折れて、素直に愛を伝えるほうが利口といえそう。交際中は、お互いに相手を楽しませよう、居心地のよい関係を作ろうと、いろいろ工夫したり、心を砕きます。ケンカさえも恋のスパイスにしてしまえる、素敵なカップルになるでしょう。

自分3画×相手4画

相手からの学びが多い

自分とは全くモノの考え方や感じ方が違う相手に、学ぶことが多いでしょう。

特にビジネスシーンにおいて黙々と努力する姿は、あなたによい影響を与えます。相手が上司や先輩であれば、堅苦しく気づまりなところもありますが、よい上司といえるはず。無理に押しつけるわけでもなく、あなたを一人前に育てようとする意欲も十分に感じることができるでしょう。

あなたが上司の場合、安心して仕事を任せられる、有能な部下と思えるはずです。

クラスメイトや同僚、趣味仲間といった、上下関係や損得の生じない間柄であれば、フラットなつき合いができるでしょう。ただし、お互いの考えや感性には相当の隔たりがあるので、それなりの距離感ができるのは否めません。

相手の不安を取り除いて

あなたの気持ちがすんなりと伝わりにくい相手です。本気で誘っているのかどうかと、相手は疑ってかかる可能性があります。相手にとっては、華やかでモテるあなたが自分を見染めることなどあるのだろうかと、不安に思っているのでしょう。

したがって、あなたが恋をしているなら、まずは相手の不安や疑いを拭い去ることが必要です。それだけに、相手の信頼を勝ち取ってしまえば、恋の進展はスムースにいくでしょう。

相手があなたに好意を持っているとしても、なかなかアプローチしてこなかったりと、まどろっこしいことこの上ありません。そんな時は、あなたからさりげなくデートに誘ってあげるのもいいでしょう。

性格も感受性も違う二人ですが、お互いの個性を認め合える関係になれば、末長い交際ができそうです。

自分 3画 × 相手 5画

刺激をもらえて成長できる

何かと刺激を与えてくれる相手です。ちょっとした一言やあなたとは全く違ったことに興味を示す姿に、新鮮さを感じることができます。

相手がたとえ部下や後輩という間柄であっても、よい刺激をもたらしてくれる存在として意識できそうです。また、他の部下たちにもプラスの効果が波及すると、うれしく感じることでしょう。

相手が上司や先輩であれば、発想力や創造力のすごさに圧倒されるかも。あなたが学ぶべきことも多いでしょう。ただし、実現に至らずアイディア止まりで終わってしまう可能性もあるため、あれこれ翻弄されておしまい、というケースもありそうです。

同僚、趣味仲間といった立場であれば、楽しく語り合える関係が成立します。好きなことを言い合える、フランクな友情を築いていけるでしょう。

互いに惹かれ合う相思相愛

相手の個性に強く惹きつけられてしまうでしょう。相手もあなたのフレンドリーでいながら、気遣いあふれる姿に魅力を感じます。お互いに惹かれ合う、相思相愛の相性といえます。

どちらが恋のリードを取るかといえば、やはり相手のほう。相手のほうから、「今日はテーマパーク巡りに行こう」とか、「ドライブもいいね」「まったりと家で過ごすのはどう?」といったふうに、さまざまなバリエーションに富むデートの提案があるはずです。とはいえ、相手の一存で勝手に決められてしまうことは少ないはず。かならず、あなたの同意を求めてくれるはずです。

たまには、サプライズなプレゼントを贈ったりするのも、愛情が深まるきっかけになるでしょう。そういう派手な演出を喜んでくれる相手です。

自分3画 × 相手6画

長きにわたり交友が続く

自分とよく似た考えや感受性を持っている、特に同じ趣味のサークルに属していたり、部活動で知り合ったというケースであれば、趣味嗜好が似ているので、あっという間に仲良くなれます。ノリもよく似ているので、二人で連れだって遊びにいくことも多いでしょう。人生の長きにわたって、心通い合う楽しい交友が続いていきます。

相手が上司や先輩というケースでも、何かと気にかけてもらえ、好意的な目で見守ってもらえます。「自分の若い頃によく似ている」と、親近感を覚えて目を細めてくれる年長者もいるでしょう。

あなたが上司や先輩という立場であっても、あなたの意をすぐに組んでフットワーク軽く行動してくれる部下として、頼もしい存在と映るはずです。

長期化すると危険

気持ちが通じ合う、とても相性のよい二人です。初対面から、あなたは相手に好印象を持つでしょう。目が合った瞬間、この人と恋に落ちてしまうかも、と運命を感じます。相手も、あなたが自分の理想にかなり近いタイプだと感じるはずです。

どちらからともなく誘い合い、デートを繰り返すことになるでしょう。周囲に協力してもらってグループデートや合コンをセッティングしてもらうのもおすすめ。言葉を交わせるようになれば、デートの約束もすんなり成立するでしょう。

交際がスタートしたあとも、仲良しカップルとしてやっていけます。ただし、どちらもモテるので、他の異性からの誘惑には気をつける必要がありま す。交際が長期化してマンネリムードが漂った頃が危険です。

自分3画 × 相手7画

一筋縄ではいかない

一筋縄ではいかない相手です。

あなたが上司や先輩であれば、何を考えているかわからない部下や後輩だと感じられるでしょう。会議などで思いもよらない発言をして、周囲をビックリさせるようケースもありそう。しかも、発言がトンチンカンだったりするから困りもの。扱いにくい部下や後輩として手を焼くかもしれません。

とはいえ、相手があなたや組織に馴染もうとしている姿勢が見えれば、つき合っていくうちに面白いキャラの持ち主として可愛く感じられるようになってきます。

あなたが後輩や部下の場合、強烈な個性を持つ相手に最初は驚愕することも。相手の奔放さやノリにつき合っていくのは大変ですが、部下思いの一面に触れれば、徐々に距離感も縮まっていくはずです。

情熱がうっとうしく感じる場合も

相手のほうが好意を持っている場合は、「自分のことを何としてもわかってほしい」「とにかく好きになってもらいたい」という強い欲求を抱いて一心不乱にアプローチしてくるでしょう。あなたがどう感じて、そのアプローチ受け取るかと考えるよりも、自分の愛情をアピールしたい気持ちが強すぎるのです。

あなたがうれしく思えば、何の問題もなく、恋が始まるでしょう。でも、ちょっとうっとうしいと感じるようでは問題です。相手の勢いに負けてつき合うのは賢明とはいえないからです。そんな時は距離を置いて、相手の動向を探るべきでしょう。

あなたが好意を感じている場合は、さりげなくアプローチを仕かけてもなかなか通じないかも。情熱的にストレートにデートに誘うほうが、相手をドキッとさせることができます。

自分3画×相手8画

相手を立てるとうまくいく

相手が上司や先輩であれば、信頼を寄せている姿勢を見せ、上手に立てることで、良好な関係を築くことができます。

厳しい上司ですが、それは部下をちゃんと育てたいという気持ちの表れ。仕事上の不安や悩みを打ち明ければ、親身になって耳を傾けてくれます。

あなたが上司や先輩であれば、心を開いてくれない相手にどう接すればいいのか、悩んでしまうかも。でも、一緒に過ごす時間が増えるに従い、ガードも徐々に緩んでくるので、無理なくつき合っていけるようになるでしょう。

同期やクラスメイト、趣味仲間といった間柄では、それぞれ別のグループに属しているため、接点がないかもしれません。でも、いったん打ち解けてしまえば、お互いに面白い人と認識できそうです。

趣味嗜好が異なる二人

性格も趣味嗜好もかなり違う二人なので、最初からうまくつき合っていこうとするのは難しいでしょう。むしろ、お互いの違いを楽しむくらいの余裕が必要といえます。なかなか振り向いてくれない相手に、どうしても諦めの気持ちを抱いてしまうかもしれませんが、あなたが本気かどうか、真剣にチェックしているはずです。諦めた頃に、交際がスタートする可能性が高いので、ひたすら待ちの姿勢でいきましょう。

相手のほうがあなたにアプローチしてきた場合、好みのタイプではないため、乗り気にならないかもしれません。でもとりあえず三回はデートしてみましょう。相手の誠実な愛情が伝わってきて、いつの間にか、あなたも相手が気になってくる可能性は十分にあります。

自分 3画 X 相手 9画

一緒にいるだけで楽しい

仕事仲間としては、最高に刺激し合い、高め合える二人です。同期入社やクラスメイト、同じクラブに所属しているといった間柄であれば、大親友になれるでしょう。

とにかく一緒にいるだけで楽しくて仕方がなく、悩みを打ち明け合ってもわかり合えるし、ジョークを飛ばし合って大笑いもできるでしょう。ライバルでもあるのですが、競い合うよりは、一緒により高いところを目指して励まし合う関係といえます。

上下関係があっても、気の合う組み合わせであるのは同様です。あなたが部下や後輩というケースでは、他の上司は苦手だけど、この相手の前だけは、なぜか緊張せずにのびのびできるでしょう。あなたが上司や先輩であれば、何となく目をかけて可愛がってしまう部下や後輩と思えるはずです。

究極の相思相愛

相思相愛という言葉は、二人のためにあるのかもしれません。趣味や嗜好が似ていて、何となくわかり合ってしまう相性です。しかも、まったく同じというわけではなく、つき合っていけばいくほど、「こんなところがあったのか!?」と、新たな発見や新鮮な驚きが感じられる、そんなカップルなのです。

しかも、あなたは相手を喜ばせたり楽しませたりすることがとても上手で、相手のうれしそうな顔を見ると、ますます幸せになれるタイプです。そんなあなたに、相手がぞっこんほれるのは無理のないことなのです。相手は、マンネリを嫌います。そのため、毎回、斬新なデートを演出してくれるでしょう。そんなに頑張らなくてもいいのに、と思うこともあるかもしれませんが、それが生きがいなのですから、笑顔でつき合ってあげてください。

自分4画×相手0画

あなたの信念を貫いて

何を考えているかわからず、扱いにくい人だと感じるでしょう。あなたが上司や先輩の場合は、どう接したらいいのか、どんな指導法が合うのかと真剣に悩んでしまうかもしれません。

でも、あなたの苦悩を知ってか知らずか、相手はマイペースを貫いてくるはずです。したがって、ここは割り切って、あなたの信念を貫くのが正解です。完全に理解してもらうのは無理でも、いずれはあなたをリスペクトしてくれるでしょう。

あなたが部下であれば、一貫性のない上司や先輩に戸惑うこともしばしばかも。とはいえ、気のいい人なので、アフターファイブは楽しめるし、そのつき合いがビジネスにもプラスに働きます。

同年代であれば、適度な距離感を持ってつき合うというのが望ましいでしょう。

きっかけがつかみにくい

なかなか接点が見つからず、交際の糸口がつかめないかもしれません。趣味もまったく違うし、別々のグループに属していたりして、チャンスが少ない可能性が高いでしょう。とはいえ、思い続けていければ、いずれ、言葉をかわす日がやってきますから、頑張ってください。

さらに、茫洋として見える相手ですが、意外と恋愛模様を察知するのは得意だったりするはずです。言葉を交わしていなくても、あなたが熱い視線を送っているのに気づいているかもしれないのです。

相手からアプローチを受けた場合は、本気度がわからず、躊躇してしまうかも。でも、最初は友だちで十分だと思ってつき合えばＯＫです。相手のことが少しずつわかってくれれば、あなたが愛情を捧げられる相手かどうかの判断も自然とついてくるでしょう。

自分4画×相手1画

互いに主導権を取りたがる

どちらも主導権を握りたがる傾向が強いでしょう。あなたが上司であれば、相手を生意気な部下だと感じるし、あなたが部下であれば、尊大で居丈高な上司だと感じてしまいそうです。

努力家で理想主義者だという点では、実はよく似ている二人です。両雄並び立たず、という言葉がありますが、ここは、部下であるほうが相手を立ててリスペクトするのがいちばんうまくいく方法。あなたが部下や後輩であれば、相手を立てて、気分よくリードさせてあげましょう。そうすれば、何かと目をかけてくれるし、面白い仕事ができるはずです。

あなたが上司の場合は、主導権は渡さずにおきながら、多少は相手をおだててあげるのが得策です。

同年代やクラスメイト、趣味仲間といった間柄であれば、最強の仲良しコンビになれます。

はじめは反感、後に好印象に

どちらも自分の意見や意志を貫きたがるため、衝突することが多いでしょう。出会った頃は、お互いによい印象を持てず、どちらも反感を持ってしまうかも。それが何度か顔を合わせているうちに、「あれ、意外とよいところもあるんだな」とか「案外、面白い人かもしれない」と、好印象に変わっていくでしょう。

そして、相手にぞっこんほれてしまっている自分に気づくはずです。もし、あなたのほうが相手の虜になってしまったなら、迷わず、素直にストレートな気持ちをぶつけてみましょう。下手な小細工は、かえって恋をぶち壊してしまうだけです。

アプローチされたなら、とりあえず、誘いに乗ってみて。想像以上に楽しい時間が過ごせて、交際してもいいという気持ちになれるはずです。ケンカは多いけれど、実は好相性のカップルなのです。

自分４画×相手２画

しゃかりきになりすぎない

気遣いの人、という点ではよく似ている二人です。ただし、あなたが何事もキチンとやらなければ気がすまないのに対して、相手のほうはアバウトな一面があります。

相手が上司や先輩というケースであれば、あなたのほうは全力を出し切るのではなく、七、八割のペース配分やパワーで取り組むとうまくいくでしょう。あなたがしゃかりきになりすぎると、相手が疲れてしまったり、面くらってしまうからです。

あなたが上司や先輩であれば、パーフェクトを相手に求めるのは酷というものです。あなた自身が楽しみながら仕事をこなす姿勢をアピールすれば、相手もラクな気持ちでやれるでしょう。

同年代や、趣味仲間といった間柄であれば、適度な距離感が生まれ、楽しくつき合っていける二人です。

くされ縁になりやすい

特に嫌いなタイプではないため、何となくつき合ってしまうでしょう。相手も、あなたにアプローチされて決して悪い気はしません。他に気になる人がいなければ、気軽に応じてくれるはずです。

お互いに「この人でなければダメ」という決め手には欠けるのですが、「まあ、いいか」という気分で交際が続いていくでしょう。いわゆる、くされ縁になりやすいカップルなのです。

どちらかが浮気心を起こしてみたり、ささいなことでケンカして別れてしまうことも。しかし、しばらくすると、淋しくなって、よりを戻すことになるでしょう。

一度や二度、離れ離れになってしまっても、その経験が最終的にプラスに働けば、お互い、ほどよい距離感を持ってつき合えるようになるはずです。

自分4画 × 相手3画

相手を上手にほめて育てて

あなたが上司や先輩という立場であれば、教えがいや鍛えがいのある部下や後輩と感じることでしょう。こちらの意図をすぐに悟って機敏に行動してくれる、頼もしい存在と思えるはずです。

ただし、何事も手際よくこなす反面、ハングリー精神に欠けているように感じることも。でも、不満をあげたらキリがありません。やる気が失せないように、上手にほめて育てることも大事です。

相手が上司や先輩というケースでは、あなたの微妙な気遣いがなかなか通じないかもしれません。相手はともかく結果を求めるタイプ。まずはビシッと「デキる部下」を印象づけるといいでしょう。

同年代や趣味仲間といった関係では、役割分担が大事。あなたはルール作り、相手にムード作りを求めれば、楽しいつき合いができます。

フレンドリーだが八方美人

相手の気持ちが今一つつかめずに悩んでしまいがち。受け入れてもらっていると思う反面、他の人に対しても笑顔で愛想よく接する相手を見ると、見せかけの愛情かもしれないと感じてしまうからです。フレンドリーで気のいい相手ですが、多分に八方美人の傾向も強いので、そのつもりでいたほうがよいでしょう。

とはいえ、あなたの愛情が驚くほど強固なものであることに気づけば、相手の心もあなたに惹きつけられていくはずです。

相手の方があなたに好意的なケースでは、迷わずアプローチを仕かけてくるでしょう。何の反応も見られないのは、あなたが眼中にないからです。その場合は、積極的にあなたの存在を印象づける必要があります。

自分４画×相手４画

まずは相手をほめること

どちらも細部にこだわりすぎる傾向があるようです。

あなたが上司や先輩であれば、細かなことまで口を出して、部下や後輩に嫌われないように気をつけましょう。まずは相手をほめること。そうすれば、相手もやる気が起きるはず。その上で、注意点があるなら、簡潔に伝えればいいのです。

あなたが部下や後輩であれば、あれこれ文句をつける前に、ビシッと行動で示すことが大事です。信頼できるヤツだと感じてもらえれば、何かと目をかけてくれるようになるし、可愛がってもらえます。

あなたと相手が同年代であれば、衝突することも少なくないし、激しい討論になるケースもありそう。何度も激論を戦わせることで、お互いの立ち位置がわかってくると、それ以降はラクにつき合えます。

欠点も似た分かり合える関係

相性はかなりよいといえるでしょう。ただし、お互いの欠点までよく似ています。どちらも頑固で意地を張ってしまうところがあり、ケンカすると、なかなか仲直りのきっかけがつかめなくなりがちです。「好き」という気持ちがありながら、自分から折れて連絡を取ることができず、どんどん距離が離れてしまうケースもないとはいえません。くれぐれも、つまらない意地の張り合いはやめましょう。

二人だけの世界を楽しむのは上手なカップルです。同じ趣味やスポーツを楽しんだり、旅行に出かけたりして、素敵な経験を積み重ねていくことができます。ただし、二人だけの世界に籠るのも考えもの。たまにはカップル同士で一緒に遊ぶなど、変化のあるデートもおすすめ。適度にリフレッシュすることで、硬直した関係を改善できます。

自分4画×相手5画

相手のプライドをくすぐる

じっくりと取り組みたいあなたに対して、派手なパフォーマンスをしたがる相手。なかなか接点が見つからず、理解し合うまで時間がかかりそう。

とはいえ、あなたが上司や先輩なら、相手の目立ちたがり屋を利用しない手はありません。「やりがい十分、注目の的になれる」と説得して、面倒な仕事をこなしてもらえばいいのです。プライドを上手にくすぐることがポイントです。

あなたが部下や後輩というケースでは、華やかなことが大好きでアドバルーンを打ち上げてばかりの相手に翻弄されるのは目に見えています。地味で評価の少ない仕事ばかり、押しつけられてしまうこともありそう。でも、そこで文句を言わず、きっちりと頑張りましょう。そんなあなたの姿を、見ている人もちゃんといます。

熱い気持ちを売り込んで

よほど派手なアプローチを心がけないと、気持ちに気づいてもらえないかもしれません。でも、一度や二度の誘いを断られたからといって諦めることはありません。とにかくデートに持ち込んでしまうこと。まずは二人きりになって、あなたの魅力や熱い気持ちを売り込むことを心がけましょう。

相手があなたに心を寄せている場合も、意外とアプローチを仕掛けてこないかもしれません。自分からアプローチしなくても、いずれ、なびいてくるはずだと、タカを括っているのでしょう。そのうぬぼれぶりを可愛いと思える余裕があなたにあるなら、二人の恋は意外とうまくいくはずです。

でも、自信過剰で調子に乗った人としか思えないのであれば、徹底的に無視するのもいいかも。慌ててアプローチしてくるからです。

自分4画×相手6画

割り切りが、いい関係を作る

あなたが上司や先輩というケースでは、何事もソツなくこなす相手は安心して仕事を任せられる部下といえるでしょう。

ただし、ビジネス上はスムースに接していけるものの、本音をなかなか言わない相手に不満を感じることもあるかもしれません。でも、ビジネスはビジネス、プライベートはプライベートと、割り切っていくほうが長く穏やかな関係が続いていくはずです。

あなたが後輩や部下であれば、相手は楽しく仕事ができる上司や部下と感じられるでしょう。仕事ぶりや手順、目配りや気遣い、周囲へのパフォーマンスなど、学ぶところがいっぱいあるはず。相手もあなたの堅実さや熱心さを高く評価してくれるはずです。お互いに自分にないものを持っている者同士として、うまくやっていけるでしょう。

一緒にいてとにかく楽しい人

一緒にいてとにかく楽しい相手。あなたのほうがぞっこん惚れぬいてしまうケースも少なくないでしょう。豊富な話題や周囲を愉快にさせるムード作りに、あなたはすっかり酔ってしまいそう。

とはいえ、相手のほうはあなたのことをあまり気にしてくれないかもしれません。目に止まりたいのであれば、華やかで情熱的なあなたを演出する必要があります。自信がないなら、恋上手な友人のアドバイスを受けることをおすすめします。

あなたの愛情が本物で、真剣なものだと理解してもらえれば、相手の反応も変わってくるでしょう。単なる恋の対象というよりも、人生のパートナーとしてふさわしい相手と考えてくれる可能性も十分にあるのです。誠実な愛をつらぬいていくことで、相手を虜にする日がやってくるかもしれません。

自分4画×相手7画

遠慮なしに意見を言おう

相手が上司や先輩である場合、何かと戸惑うことが多いかも。というのも、あなたが年長者に対する敬意や礼儀を第一に考えているのに対して、相手は、立場よりも、一緒にやっていこうという仲間意識を強く持っているタイプだからです。したがって、遠慮はせず、自分の考えや意見を素直にぶつけたほうがうまくいくでしょう。

相手が部下や後輩であれば、ズケズケとモノを言い、生意気なヤツと、あなたは思ってしまいそうです。でも、何の反応もない、おとなしすぎる部下よりも、よほど見込みがあると考えるべきです。

同年代やクラスメイト、趣味仲間といった関係では、属しているグループが違うため、打ち解けるには時間がかかるかもしれません。親しくなるにつれて、面白い人だとお互いに思い始めるでしょう。

運命的なものを感じる場合も

相手はとても魅力的な人と映るでしょう。ユニークな考え方や感受性を目の当たりにするにつれ、どんどん惹きつけられてしまいそうです。出会った瞬間、運命を感じるケースもありそうです。

相手のほうは、今一つピンと来ていないかも。とはいえ、好意的なイメージは持ってくれているはずです。足りないのは、あなた自身のアピール力。もっと自分を知ってもらいたい！　という、強い気持ちでアプローチを仕かけてください。

相手の話をうんうんとおとなしく聞いているだけでは、「いい人」のままで終わってしまい、あなたの恋心はなかなか通じませんから、頑張りましょう。

交際がスタートしてからも、相手の言いなりはダメ。あなたがリードするくらいの意欲を示せば、二人の仲も盛り上がっていきます。

自分4画×相手8画

仕事観をしっかり伝えて

どちらも慎重で本音を隠したがるタイプなので、どうしても腹の探り合いになりそうです。あなたが上司や先輩の場合、相手の性格や考え方がわかるまで、当たり障りのない、消極的な接し方をしたがるはずです。ところが、相手にとっては、あなたの意志や意図が見えてこないため、ますます不安に感じてしまうのです。

明るく元気よく接するのは難しいかもしれませんが、自分なりの仕事観や考え方はしっかりと伝えてあげたほうが、相手もやりやすく感じるでしょう。

あなたが部下や後輩であれば、相手の懐に入っていくような積極さが大切です。少々甘えてみるくらいのほうが、相手も心を許してくれるはずです。同年代や趣味仲間といった関係であれば、時間はかかりますが、いずれ最高の友情を築けるでしょう。

恋に落ちる「運命のカップル」

好意を感じ合っているのに、出方をうかがうばかりで、なかなか恋が進展しないかも。そんな時は、あなたからとりあえず、アプローチしてみるのがいちばん。声をかけた時、相手の表情が変わったり、あわてたような行動を取ったりするならば、間違いなく、あなたを意識しているはずです。

また、何の反応もないからといって、ガッカリする必要もありません。相手はポーカーフェイスを装っているだけのはず。何度かデートの誘いを仕かければ、きっと応じてくれます。

ただし、それでも恋が芽生えないとすれば、まだ二人の愛が熟していないのかも。時間を置いて、もう一度アプローチしてみてください。今度こそ、振り向いてくれるでしょう。なぜなら、二人は恋に落ちる運命のカップルだからです。

自分4画 × 相手9画

頼もしい部下を持てる

あなたが上司や先輩の場合、もの覚えがよくてカンの鋭い部下や後輩の存在は、何とも頼もしく感じられるでしょう。

少し教えてあげれば、その後は自分から積極的に進めていく姿勢にも好感を抱くことができます。ただし、長く一緒にいるうちに、相手の自信満々な態度が鼻についてくることも。あなたが上の立場であることを、たまにはアピールすべきでしょう。

あなたが部下や後輩であれば、アグレッシブで自由奔放な上司に振り回されてしまうかも。しかし、いずれ相手の独特の癖や言動の傾向がわかってきます。また、あなたの言うことに耳を傾けてくれる柔軟な人なので、迷ったら、素直に相談するといいでしょう。

同年代のケースでは、個性の違いを面白がれば、よい仲間になれます。

恋に鈍感な相手

「一緒にいるだけで心が弾んでくるような人」というのが、あなたの正直な気持ちでしょう。でも、その好意を素直に表すことができないのも、あなたらしいところ。好きだと感じているのに、どうしても、素知らぬふりをしてしまいがちです。

相手のほうも、恋愛に関しては意外と鈍感です。ビジネスや趣味では感覚も鋭く、あふれんばかりの才能を発揮したりするわりに、恋愛に関してはなぜか、カンが働かなくなってしまうのです。

したがって、あなたの恋心を察知してくれるのを期待するのは無理でしょう。気持ちを奮い立たせてアプローチしていくしかありません。

逆に、相手からアプローチされた場合は、素直に受け止めればＯＫです。相手の魅力がどんどん見えてきて、恋心が深まっていくはずです。

自分５画×相手０画

無理に距離を縮めないで

あなたが上司や先輩のケースでは、フレンドリーに声をかけても、反応がイマイチだったりして、難しい部下だと感じるでしょう。でも、あまり感情をオモテに表わさず、淡々としている相手だとわかってくれれば、対処法も見えてくるはずです。あれこれ余計な気を遣うよりも、一定の距離を保って見守る姿勢が大事です。

あなたが部下や後輩という立場であれば、コツコツと努力を重ねていく姿勢を見せることで信頼を勝ち取ることができます。無理やり距離を縮めようとするのは逆効果。懇親会などのチャンスをとらえて、会話を増やすのもおすすめです。

同年代や趣味仲間という立場であれば、意外とすんなり仲良くなれそうです。タイプが違う二人だからこそ、お互いを認め合える存在となります。

順調に愛を育める二人

相手は何を考えているかわからない不思議な存在です。でも、そのミステリアスなところが妙に気にかかってしまい、恋に落ちてしまうはず。あなたにとっては理想の相手に見えるかもしれません。

実際につき合ってみると、想像していたほどミステリアスでもなく、意外と素朴で素直な人柄の持ち主だったりして、そのギャップがまたうれしかったりするでしょう。いずれにせよ、あなたを釘づけにしてしまう、不思議な魅力を持った相手です。

相手のほうから見れば、あなたこそ、「手の届かない高嶺の花」と感じられるはずです。そのため、アプローチしてこないケースもありそう。気軽に声をかけてあげることで、恋のきっかけが生まれます。交際がスタートしてからは、順調に愛を育んでいけるカップルです。

自分5画 X 相手1画

突っ走る相手を笑顔で受け止めて

あなたが上司や先輩ならば、突っ走りがちな相手を上手にコントロールすることが大切。相手のやる気がカラ回りにしないように方向づけてあげてください。闘志満々なタイプですから、意見や不満を口にしてくることも。目くじらを立てず、笑顔で受け止める度量が、あなたを立派な人物に見せてくれます。

あなたが部下や後輩であれば、暴走しがちな上司の勢いに巻き込まれてストレスがたまってしまうかも。適度に距離を置いてつき合う必要があります。

同年代やクラスメイト、趣味仲間といった関係であれば、お互いに遠慮せず、好き勝手なことを言い合える開放的な間柄になれます。特に趣味や嗜好が同じであれば、人生を通じて、長くつき合っていける無二の存在となるでしょう。

押し切られておつき合いに

猛アプローチを仕かけられ、ガンガン押しまくられて、ふと気がつくとおつき合いすることになっていたりしがちです。でも、自分なりの気持ちやペースも守りたいもの。あなたに「好き」という気持ちが生まれない状況で、深い仲になるのは避けたほうが無難でしょう。

あなたのほうから好意を感じたなら、あれこれと作戦を立ててアプローチしていくのが楽しくなるはずです。というのも、相手を振り向かせるまでのプロセスが、あなたをワクワクさせてくれるからです。

仲のいい時はベタベタしているのに、熱中度が低くなってくると、スーッと恋心も覚めてしまう、極端な相性のカップルです。長く交際していくためには、冷めかけた愛情を取り戻すためのイベントを定期的に工夫するといった必要があるでしょう。

自分5画 × 相手2画

手間をかければ応えてくれる

あなたから働きかけていくことで、友好な関係を築き上げていける相性です。

あなたが上司や先輩というケースでは、一から十まで手を取るように教え導いていく必要がありそうです。手間ひまをかけて育てていけば、必ず、あなたの思いに応えてくれる存在になります。

あなたが後輩や部下という立場であれば、手の内をなかなか見せてくれない上司や先輩に、ストレスを感じるかもしれません。しかし、相手を知るにはそれなりの時間と心遣いが必要だと割り切ってください。あなたが誠意ややる気を見せていけば、いずれ、信頼できる存在として認めてもらえます。

同年代や趣味仲間といったケースでは、グループが違うかもしれません。とはいえ、何となく気になる存在として、お互いに意識しているはずです。

誠意をアピールして

素直にアプローチしていくのが正解です。ただし、相手はじっくりと恋を育てていきたいタイプ。デートの誘いもすぐに応じてくれないかもしれませんが、諦めずにアプローチしていくべきです。急に誘いを仕かけなくなったりするのはダメ。かえって、相手の不信感を招いてしまいます。あくまでも、あなたの誠意をアピールしていきましょう。

相手から好意を示されたとしても、あまりに弱気な態度に、アプローチされていることに気づかないこともありそう。でも、いざ、つき合ってみると、新鮮な魅力を感じることができそうです。

実は、二人はなかなか相性のよいカップルです。自分にはない発想や感覚を、相手の中に発見して面白さを感じたり、人生を考え直したりできるはず。二人で共に成長していけるでしょう。

自分5画×相手3画

優秀な相手に恵まれそう

理解力に優れ、素早く対応してくれる相手に、あなたは大いなる満足を感じることができます。特に、あなたが上司や先輩といった立場にある場合、優秀な部下の存在はまさに頼もしく感じられるでしょう。しかも、心遣いにもあふれていて、癒されたり慰められることも多いはずです。

あなたが部下や後輩というケースでは、さりげなく気遣ってくれる相手はとてもありがたく感じられるでしょう。とはいえ、ついつい甘えてしまって、負担をかけてしまうケースもないとはいえません。さらなる信頼を勝ち得るためにも、自分の能力をフルに発揮して上司や先輩の期待に応えてください。

同年代や趣味仲間であれば、和気あいあいのつき合いができます。何よりも自分をよくわかってくれる人として、安心して一緒にいられる存在です。

相性バツグンのカップル

あなたの話を楽しそうに聞いてくれる相手に、あっという間に恋をしてしまうでしょう。相手のほうも、あなたの博識ぶりや豊かな想像力に興味しんしんで、好意的に感じてくれます。

二人はとても相性のいいカップルです。新し物好きのあなたが面白そうな話題やモノを探してくると、喜んで受け入れてくれるのです。あなたがストレスを感じていると、さりげなく察してくれるでしょう。放っておいてもらいたい時は距離を置いてくれるし、慰めてもらいたい時には、何かと気遣ってくれるのです。まさに、かゆいところに手を伸ばしてくれる、最高のパートナーといえるでしょう。

ただし、相手だって、いつも笑顔でご機嫌でいられるわけではないし、傷つきやすい一面も。そんな時は、あなたが力になって支えてあげる気持ちも大事です。

自分５画×相手４画

過剰なリップサービスは控えて

自分の意見や気持ちを大いにアピールしたいあなたと、感情や感傷はできるだけ抑えて素知らぬ顔をしていたい相手。二人は、正反対とまではいかないまでも、かなり違うタイプといえます。

あなたが上司や先輩の立場であれば、働きかけても、もう一つ反応のよくない相手に不満やストレスを感じてしまいそうです。しかし、信頼している姿勢をアピールすれば、すぐに頼りになる部下になってくれるでしょう。

一方、あなたが部下や後輩の立場であれば、差し出がましい意見や過剰なリップサービスは控えたいもの。客観的にクールに話すようにしましょう。信頼を勝ち得てしまえば、うまくやっていけます。

同年代や趣味仲間といった関係であれば、適度な距離感を持ってつき合っていけるでしょう。

待っていても始まらない恋

相手は自分なりのペースを大切にしたいと思っています。好感を抱いても、どんな性格や考え方の持ち主であるかがわかるまで、行動を起こすことはありません。心から納得して、「この人であれば、好きになってもいい」と自分にＯＫを出して初めて、恋をするような慎重なタイプなのです。

したがって、相手があなたを意識しているとしても、まったく素振りが感じられないかもしれません。

もし、あなたが好意を感じているなら、自分からアプローチしてしまいましょう。待っているだけでは、いつまでたっても恋が始まらないからです。

交際がスタートして以降も、基本的にあなたがイニシアティブを握っていくほうがうまくいきます。ただし、デートするお店を決めるといった些細なことでも、必ず、相手の承諾を得ることを忘れずに。

自分5画×相手5画

よきライバル相手

ライバル心を燃やすことになる二人です。他の人に対しては、フレンドリーに接しているのに、なぜか、この相手に対してだけは負けたくないと意識してしまうのです。

それでも、あなたが上司や先輩といった立場であれば、優位な立場にいることができます。相手のほうも、礼を欠くようなことはしたくないと自制するからです。むしろ、あなたのほうがパワハラ発言をしないように気をつけましょう。

あなたが部下や後輩であれば、相手を立てる気持ちを忘れないこと。気を許せない部下と映りがちですから、まずはそんなイメージを払拭する努力が大事です。意外と素直で正直な人なんだと思ってもらえればしめたものです。同年代や趣味仲間としては、よきライバルとして競い合える関係です。

燃え上がるのも飽きるのも早い

出会った瞬間、あっという間に恋に落ちるか、気は合うんだけど、なぜか恋心が湧かないままでいるか、のどちらかになりがちな相性です。

即、恋に落ちるケースであれば、燃え上がるのも早いけれど、飽きるのも早いかも。飽きずにつき合う工夫が必要です。また、いったん別れても、よりを戻して、再度つき合うというケースもあり、くされ縁の関係になる可能性もあります。

もし、あなたは憎からず思っているのに、相手がちっとも振り向いてくれないのであれば、相手が恋人とうまくいかなくなった時や、転勤や転職、引っ越しといった変化が訪れた時をとらえて、正直な気持ちを打ち明けてみましょう。相手のほうも、気持ちに変化が起こりやすいので、恋心が生じる確率もグッとアップします。

自分5画×相手6画

能力を磨いてくれる上司

あなたの発想力や感性をさらに磨いてくれるのが、この相手です。

あなたが部下や後輩という立場であれば、この相手ほど、素晴らしい上司はいないでしょう。あなたが自由に考えたり、意見を言ったりする環境を整えてくれて、しかも的確なアドバイスをしてくれるからです。頑張って期待に応えていけば、熱い信頼関係が成立します。

あなたが上司や先輩というケースでは、任せられる部分は安心して任せてしまい、あなた自身は新たなことに挑戦するといいでしょう。定期的にじっくり話し合う機会を持つことも大事。コミュニケーションが取れていれば、素晴らしい関係ができあがるでしょう。同年代や趣味仲間であれば、丁々発止のやり取りができる、楽しい間柄となります。

慎重な相手を動かす工夫を

とても魅力的な相手と映るでしょう。話題も楽しく、物腰もスマートで、相手以外のものすべてが見えなくなってしまうかもしれません。

とはいえ、あなたが勇んでアプローチしても、すぐには乗ってこない可能性も高そう。というのも、相手は意外と慎重なところがあるからです。やすやすと誘いに乗ってしまっては、軽く見られてしまうと思っているのかも。すぐに色よい返事が返ってこなくても、諦める必要はありません。むしろ、より真剣にアプローチに励んでみて。そうすれば、かなりの確率で恋が実るはずです。

交際がスタートしてからは、共通の体験を積み重ねていくことで愛が深まっていきます。旅行に出かけたり、スポーツ観戦を楽しんだり、同じ趣味に取り組んだりして、愛を育てていきましょう。

自分5画×相手7画

ちょっとした接点を大切に

相手は得体の知れない人と感じられるでしょう。何も考えていないようにも思えるし、逆に策略をめぐらしているようにも見えてしまうのです。しかも、言葉を交わしてみても、理解不能なところがますます増えてくるようなタイプです。

こんな相手が上司や先輩であれば、どう接していいかと悩むことは間違いありません。しかし、同郷の友人がいるといった、ちょっとした接点さえ見つかれば、後は少しずつ親しみが湧いてきます。

あなたが上司や先輩であれば、相手のペースに巻き込まれないこと。あなたのペースで仕事も会話も進めていけば、ストレスも少なくてすむでしょう。

同年代や趣味仲間といったケースでは、無理に親しくなろうとしなくても、ちょっとしたきっかけから親しくつき合うようになる可能性は十分あります。

ミステリアスな相手に惹かれそう

他の人とはまったく違う、相手のミステリアスな魅力にハマってしまいそうです。とかく饒舌なあなたなのに、相手の前に出ると、何とも例えにくい不思議な圧力を感じてしまい、無口になってしまうでしょう。骨抜きにされたような、そんな自分が信じられないかもしれません。でも、運命に感謝して、素直に恋心をアピールしていくのがベストです。

というのも、相手のほうも、実はあなたに惹かれている可能性が高いから。特別な恋愛感情はないにしても、好感は持ってくれているはずです。その好感が愛情に変わる日も、そう遠くはないでしょう。

交際がスタートしてからも、相手のことがすべて理解できる日はやってきそうもありません。それだけ謎を秘めて、あなたをとらえて離さない相手だといえます。

自分5画×相手8画

スタンスの違いを意識

仕事に対する姿勢やスタンスがかなり違っているようです。あなたはできるだけ楽しく仕事をしたいと思っている半面、つまらない仕事はさっさと流して片づけてしまいたいタイプです。これに対して、相手のほうはどんなことであれ、きちんと着実にクリアしていきたいと考えています。

したがって、あなたが上司や先輩という立場であれば、もう少し柔軟に対応できないものか、と不満を感じることもあるでしょう。とはいえ、誠実な仕事ぶりは評価してあげたいもの。慣れてくれれば、相手の取り組み方もスムースになってくるでしょう。

あなたが部下や後輩であれば、真面目な表情を心がけるだけでも、相手は安心するはずです。

同年代や趣味仲間であれば、つかず離れずのほどよい距離を保ってつき合うことになるでしょう。

信頼が湧くと裏切らない

あなたの笑顔や行動力が、相手を強く惹きつけてしまうでしょう。あなたの姿をつい追ってしまう相手の視線に気づくこともありそうです。

とはいえ、あなたにとって、相手はあまり好みのタイプとはいえないかもしれません。話しかけてもそっけない態度だったり、話の内容も盛り上がりに欠けるため、つまらなく感じてしまうでしょう。

しかし、長く友人でいるうちに、相手のよさがだんだんとわかってくるはずです。一度信頼感が湧くと、決して裏切ることのない強い忠誠心と誠実さが身にしみてきます。いざという時、真っ先にあなたを助けてくれる犠牲的な精神も感じられるでしょう。

相性がよい二人とはいえませんが、一緒に過ごす年月が増えると共に、お互いを大切に思う気持ちも深まってくる、そんなカップルなのです。

自分5画×相手9画

スイッチオンとオフで別人に

どちらも相当の気分屋です。特にあなたは、その日の気分や感情で行動スタイルまで変わってしまいます。相手はスイッチが入るか入らないかで、まったく別人になってしまうタイプです。

あなたが上司や先輩という立場であれば、乗っている時は、面白いプランを次々と打ち出し、部下をガンガン引っ張っていくでしょう。でも、気が乗らない時は、必要最低限の仕事だけこなして終わり。部下にも無関心になってしまいます。

相手が上司であれば、スイッチが入ってやる気満々の時には、部下にもフル稼働を要求し、ついていくのが必死になってしまうでしょう。スイッチが入っていなければ、穏やかな職場環境が保たれます。

同年代や趣味仲間といった間柄であれば、盛り上がること間違いなしの楽しいつき合いが続きます。

惹かれ合う好相性の二人

魅力を感じ、惹かれ合う好相性のカップルです。相手はとにかく一緒にいて楽しい人と感じられます。大して面白い話をしているわけでないのに、その相手から告げられると、とても興味深く聞こえてしまうでしょう。相手から「いいね」と言われると、「最高だね」とほめられたような気分になって、まるで天にも昇るような喜びを感じてしまいます。

相手のほうも、楽しいことや華やかなことが大好きで遊び上手のあなたは、魅力的に映っているはずです。ただし、ライバルも多いので、本気であれば、迷わずアプローチしていくべきです。相手から誘ってくれるのを悠長に待っていたりしては、素晴らしい恋を失ってしまうかもしれません。

交際後は、何度か別れの危機を迎えながらも、結果的に長続きするカップルとなるでしょう。

自分６画×相手０画

やる気をどんどんアピール

あなたが上司や先輩の場合、相手が何を考えているかわからず、戸惑ってしまいそう。

でも、相手は柔軟性に富むタイプですから、育てがいのある部下ともいえます。相手の習熟度に合わせて、ほんの少し高めの目標を設定してあげてくださ い。そうすれば、最高にデキる部下を持つことになり、相手からもリスペクトしてもらえます。

相手が上司や先輩というケースでは、大した仕事を任せてもらえず、評価されていないのかと不満を感じるかもしれません。しかし、相手はリスクを避けたい気持ちが強く、あなたにあれこれ命じられないだけのはず。あなたから、やる気をアピールして、どんどん任せてもらえばいいのです。

同年代や趣味仲間という間柄では、あなたがリードしていく関係といえます。

主導権を取るのはあなた

相手との会話はピントのはずれたものになりやすく、なかなか接点が見つからないかもしれません。でも、そのずれ具合が何となく面白く感じられて、興味を抱いてしまいそうです。

相手のほうは、おしゃべり上手のあなたに、好意を感じているはずです。でも、下手にアプローチして相手にされなかったら悲しい、という気持ちが強くて、声さえかけられないのかもしれません。

その気があるなら、あなたから積極的にアプローチしていきましょう。すぐに返事をもらえないかもしれませんが、それは相手がシャイなため。うれしくても、すぐにＯＫを出せないタイプなのです。

交際がスタートしてからも、イニシアティブを取るのは基本的にあなた。でも、二人の時間が重ねられるにつれ、相手の熱情がほの見えてくるはずです。

自分6画×相手1画

つねに調和を大切に

あなたは周囲との調和を大事に考え、何かと気配りをするタイプです。

上司や先輩といった立場にあっても、部下や後輩への配慮を欠かしません。明るい笑顔や楽しい会話で相手をなごませ、元気づけたり励ましたりすることもうまいはず。あなたのような上司を持ちたいと、周りに思われているでしょう。なお、相手は思い込んだらまっしぐらのストレートな性格の持ち主ですから、大いに持ち上げて重要な仕事を任せてあげてください。

あなたが部下や後輩であるなら、相手の顔色をうかがうのは得策とはいえません。やる気を全面的にアピールしていくほうがウケもいいはずです。

同年代や趣味仲間といった間柄であれば、相手がリーダーシップを取り、あなたは参謀役に回るとうまくいく二人です。

ストレートに恋心を伝える

あなたが好意を感じていても、しっかりと意思表示をしていかないと、相手は全然気がつかないでしょう。相手は恋愛にうといタイプだからです。

さりげなく好意をアピールしたり、スマートなアプローチを仕かけて、恋を進めていきたいというのが、あなたの理想かもしれません。でも、そんな理想の恋は、この相手に限っては難しいと思うべきです。おしゃれじゃなくても、ストレートに恋心を伝えるのがいちばん。情熱のままに突っ走ったほうが、相手に受け入れてもらえるでしょう。

相手のほうがあなたに熱中しているなら、はぐらかしたりせず、素直に愛を受け入れてください。交際スタート以降も、あなたから自分の気持ちや感情を素直に表わしていけば、楽しいおつき合いができるカップルです。

自分6画×相手2画

一度打ち解ければ心を開く

誰に対してもフレンドリーに接しようと努めるあなたのような上司を持てたら、臆病で内気な相手もかなり気がラクになるはずです。

なかなか本心を見せない、やりにくい部下だと感じるかもしれませんが、何かと気遣ってあげれば、いずれ心を開いてくれます。一度信頼が生まれれば、頑張ってくれる部下となるでしょう。

あなたが部下や後輩のケースでは、面白みに欠ける、生真面目な上司だと感じるかも。しかし、やる気をアピールすれば、重要な案件も任せてくれます。この上司の下でいろいろな経験を積み、ステップアップを目指すくらいの気持ちでいましょう。

同年代や趣味仲間といった関係であれば、最初のうちこそギクシャクしますが、いったん打ち解けてしまえば、楽しいつき合いができます。

無理しないで時間をかけて

相手はシャイなタイプのため、なかなか打ち解けてくれないでしょう。それでも、あなたのサービス精神を総動員して、面白い話題を提供したり、楽しいお誘いを仕かけたりすれば、あなただけには心を開いてくれているのが感じられるはずです。相手には、それが精一杯の好意を表す表現なのでしょう。時間をかけて愛を育てていくことが大事です。

相手のほうがあなたにぞっこんの場合、恋が進展しないのは仕方がないかもしれません。でも、しだいに相手の魅力や長所がわかってくると、あなたの心に愛が芽生えてくる可能性は十分にあります。

交際がスタートしてしまえば、意外と落ち着いたおつき合いができるカップルです。あなたと同じ趣味を相手が楽しんでくれるようになれば、二人の距離はますます縮まっていくでしょう。

自分6画 × 相手3画

何かと気遣ってくれる

コミュニケーション能力に優れた相手は、あなたにとってラクにつき合える存在です。

特に、あなたが部下や後輩という立場にあるなら、話しやすい上司だと感じるでしょう。さらに、あなたの高いビジネス能力を買ってくれ、責任のあるポジションにつけてもらえるはずです。

あなたが上司や先輩というケースであれば、部下同士の感情のあつれきは、この相手にお任せしてしまいましょう。同僚同士を一つにまとめる才能に関しては、まさしく秀でたタイプだからです。突出したものはないけれど、つねに安定した仕事ぶりが頼もしい部下といえるでしょう。

同年代やクラスメイト、趣味仲間といった関係であれば、話をするたびに盛り上がり、長い人生を通してつき合っていける間柄となるはずです。

出会った瞬間に相思相愛

出会った瞬間、強く惹きつけられてしまうでしょう。相性バツグンで、まさしく相思相愛になれます。

もし、あなたの片思い状態が続いているのなら、相手にあなたの気持ちがちゃんと伝わっていないのかもしれません。情熱のままにアプローチするのはオシャレじゃないと感じるかもしれませんが、たまには本能のままに押しまくってください。愛は理屈ではないのです。

また、たまたま出会った時期が悪くて、すでに相手に恋人がいたりするのかもしれません。それなら、とりあえずよい友人の状態をキープしてみましょう。いずれ、恋人同士になれるチャンスが訪れるはずです。相手からアプローチを仕かけられたなら、とりあえずデートしてみるべき。隠れた魅力にハッと気づかされるでしょう。

自分6画×相手4画

相手の能力に学ぶ姿勢を

相手の生真面目さやルール重視の姿勢を、あなたは息苦しく感じてしまうかも。

特に、あなたが部下や後輩であれば、相手は頑固で窮屈な上司と映るでしょう。でも、時間を重ねていくにつれて、相手が強い意志を持ち、優れたビジネス能力を持つことがわかってくるはずです。自分にはない、相手の才能や方法論を学ぶことで、あなた自身、大きく成長できるのです。

あなたが上司や先輩であれば、なかなか心を開かない部下に苦戦してしまいそう。とはいえ、相手の責任感の強さは認めてあげたいもの。気心が知れてくれば、実に貴重な戦力だと感じられるはずです。

同年代や趣味仲間といった間柄では、別のグループに属しているため、あまり接点はないかも。でも、話してみると、意外と仲良くなれる二人です。

最高のパートナーとなる可能性

楽しい会話、スマートな物腰、周囲への気配りといった点で、あなたは高い評価を得ているでしょう。特に、相手にとって、あなたはとてもまぶしく、魅力的な存在と映っているはずです。強く惹かれ、恋焦がれている可能性も高そうです。

それなのに、なかなかアプローチしてこないのは、フラレてしまった時のショックに耐えられない、と感じてしまうからです。そもそも、自分とは釣り合わない、高嶺の人と、あなたを思っているのかもしれません。

もし、あなたにその気があるなら、デートに誘うのがいちばん。あなたのペースで恋を進めていけば、すんなりと恋人同士になれるでしょう。だんだんと、相手の誠実さが見えてくるはずです。自分を絶対に裏切ることのない相手が、いずれ、最高のパートナーとなるかもしれないのです。

自分6画×相手5画

スキルを盗んで

ユニークな発想力や強気の発言で、あなたの注目を浴びようとする相手です。あなたが上司や先輩という立場であれば、有望な部下として目をかけたくなる存在といえるでしょう。ただし、ややスタンドプレイに走ったり、気分的にムラの多い傾向もありますから、締めるべきところはきちんと締めてコントロールしてあげるとうまくいきます。

あなたが部下や後輩であれば、どうしても相手に振り回されることになりがち。とはいえ、デキる上司であることも確か。しっかりとスキルを盗んで、自分のキャリアに生かしていくべきです。ウマは合うほうですから、可愛がってもらえるはずです。

同年代やクラスメイト、趣味仲間といった関係では、お互いの長所を認め合っていける二人です。特に同じチームでは最強のコンビになれます。

待つのが得策

あなたにとって、相手は他の人にはない魅力を発散しているように感じられて、ついつい惹きつけられてしまうでしょう。面白い人、興味深い存在という気持ちが恋心に変わるのも時間の問題といえそうです。

とはいえ、ストレートなアプローチを試みるのは考えものです。というのも、相手は追えば追うほど、逃げてしまうからです。じっくりと分析して、相手のほうから近づいてくるのを待つのが得策です。

相手があなたに熱中しているのなら、恋の進展はスムースでしょう。語り合うほどに、相手の魅力にどんどん惹かれていく自分を感じるはず。

ただし問題は交際がスタートしてから。どちらも他からの誘惑が多いので、お互いに一途な気持ちを持ち続けていかないと、せっかくの好相性を無駄にしてしまう可能性もあるからです。

自分6画×相手6画

気遣いにあふれた者同士

どちらも気遣いにあふれ、その場の状況をきちんととらえてうまく対応できるタイプです。

特に、あなたが上司や先輩という立場であれば、理解力や状況判断にすぐれた部下は、コミュニケーションも取りやすく、ちょっとしたアドバイスで、あなたの意をたちどころに汲んでくれる、優秀な部下となるでしょう。アフターファイブの飲み会などでも、世代を超えて打ち解けられるはずです。

あなたが部下や後輩という立場であれば、論理的で説得力に富む相手に、安心してついていける上司と感じられるでしょう。他の先輩とは違い、気心も通じる、実につき合いやすい上司のはずです。

同年代や趣味仲間といった間柄であれば、あっという間に打ち解けて、何でも話せる関係になれます。生涯を通じて大親友といえる仲が続くでしょう。

気軽に言葉を交わせる

気楽に言葉を交わせる相手。互いに、出会った瞬間から、ほのかな恋心を感じるケースも多いでしょう。

あなたが恋心を抱いているのであれば、迷わずにアプローチしてみるべきです。相手がNOという可能性はかなり低いでしょう。もしも断られたなら、すでに決まったパートナーがいるはず。たまたま時期が悪かったのでしょう。ライバルから相手を奪うくらいの情熱を見せつけるのもいいですが、相手の恋に暗雲が立ち込めるのを待つほうがよさそう。あなたと縁があるなら、いずれ、そんな日がやってきます。

相手のほうがあなたに好意を寄せているケースでは、快くデートの誘いに乗ってみるべきです。想像以上に楽しいおつき合いができて、この相手こそ、運命の人なのかもしれない、と感じる可能性も十分にあります。

自分6画×相手7画

ユニークな個性の持ち主

相手はユニークな想像力や独特の人生観の持ち主。言っていることが理解できず、頭に「？」が浮かぶことも少なくないかもしれません。

こんな相手が部下や後輩であれば、あなたとしては戸惑うことも多いでしょう。とはいえ、あなたには、そんな破天荒な部下の存在を面白がる度量もあるはずです。部下のユニークな才能を引き出してあげれば、どちらにも大いにプラスとなるでしょう。

あなたが部下や後輩の立場であれば、何かと振り回されてしまうことも。上司はあれこれ勝手な意見を口にするだけで、実際にそれを形にして実行するのはあなたのケースもあるでしょう。でも、あなたの活躍ぶりはちゃんと評価されるはずです。

同年代や趣味仲間であれば、お互いの違いを認め、楽しめる間柄となるでしょう。

心惹かれる個性の持ち主

相手の個性に、あなたは心惹かれてしまうかもしれません。でも、好きになればなるほど、よくわからなくなり、不安を感じてしまいそう。どんなに努力しても、相手のすべてを理解するのは難しいかもしれません。しかし、そのミステリアスさゆえに、あなたはますます恋焦がれてしまうはずです。

相手のほうも、知性的でありながら、感受性も豊かなあなたに、ぞっこん恋してしまうはずです。もし、相手がなかなかアプローチしてこないとすれば、それはあなたのアピール不足に他なりません。相手好みのファッションに身を包み、相手の好きな趣味やスポーツの話題でも持ち出してみてください。

問題は、交際がスタートしてから。というのは、相手の気まぐれに振り回されやすいからです。長くつき合うためには、ある程度の我慢が必要でしょう。

自分6画×相手8画

頑固さに手を焼くかも

相手の頑固さに手を焼いてしまうかもしれません。特に、あなたが部下や後輩という立場であれば、なかなか心を開いてくれず、いつもしかめ面の上司にストレスを感じそうです。でも、部下を守ろうとする意識は人一倍強い相手。自分の身を削ってでも部下を守ってくれる上司ですから、信頼を寄せてＯＫ。時間はかかりますが、がっちりとスクラムを組める間柄となれます。

あなたが上司であれば、面倒がらず、あれこれ働きかけてあげましょう。気心が知れてくれれば、相手も心を開いて、あなたに信頼を寄せてくれるようになります。頼まれたことはきっちりと仕上げる部下です。

同年代や趣味仲間という間柄では、生真面目な相手の愚痴に、あなたがつき合ってあげるという構図が出来上がりそうです。

あなたからアプローチを

相手にとって、あなたはとても魅力的な人と映るでしょう。とはいえ、アプローチしてこない可能性も高いはずです。というのは、「所詮、自分なんか相手にしてもらえない」と、相手が思い込んでしまいがちだからです。

でも、つき合ってみなければわからないのが、恋愛というものの不思議さです。

相手が一歩を踏み出せないのであれば、あなたから手を差し伸べてみましょう。まずは数回、デートしてみるべきです。誠実な心持ちや清らかな愛情に気づくことになるでしょう。好感が恋に変わるまでに時間はかからないはずです。

交際がスタートしてからは、相手の生真面目さに重さを感じることもありますが、穏やかな愛を育んでいけます。

自分6画×相手9画

強い信頼関係が成立

気さくで懐が深く、しかも理性的なあなたに対して、相手は自由闊達な発想力を持つタイプ。お互い、相手の長所や才能にすぐに気づいて、認め合う関係といえるでしょう。

あなたが上司や先輩という立場であれば、相手の将来性を高く評価するはずです。物怖じせず、自分の意見を口にする相手は周囲から生意気だと思われてしまうかもしれませんが、あなたは好感を持って見守ることができるはず。とがっている相手に、かつての自分を重ね合わせることもありそう。いずれ二人の間には強い信頼関係が成立します。

あなたが部下や後輩なら、面白い上司と感じるでしょう。相手もあなたを可愛い部下だと思ってくれます。同年代や趣味仲間であれば、一生を通じてつき合っていける、最高の友人同士です。

きょうだいのような親密さ

お互いに、まさに運命の人だと感じるでしょう。相手にとって、あなたは出会った瞬間から心を揺さぶられる、魅力的な存在だと思えるはずです。あなたのほうも、不思議なものを感じて、ぐいぐいと惹きつけられていくでしょう。

ただし、時には、どちらもまるで以前からよく知っていたような気持ちになり、友人や兄弟姉妹のような感覚が強すぎて、なかなか恋に発展しないケースもありそうです。そんな場合は、どちらかが失恋するとか、進学や転職で離れ離れになってしまうといった、何らかの変化が必要かもしれません。

恋心を感じているなら、迷わずアプローチしてみましょう。間違いなく、相手のハートをとらえることができるはずです。交際がスタートしてからも、幸せな日々が続いていくことでしょう。

自分7画 X 相手0画

主張が強いあなたと柔軟な相手

発言やしぐさでついつい自己主張してしまうのがあなたです。これに対して、相手は肯定も否定もせず、状況に合わせて柔軟に態度や立ち位置を変えていくタイプです。

あなたが部下や後輩なら、相手の上司がなかなか決断せず、歯がゆいかも。でも、その一見優柔不断な態度のおかげで、極端な方向に走らず、結果的に部下のあなたも守られているはずです。短慮に走りがちなあなたには、学ぶべき点も多い上司です。

あなたが上司や先輩という立場であれば、何を考えているのかわからない部下と感じてしまいそう。でも、時間をかければ、あなたの意志や指示をしっかりと汲み取ってくれる、デキる部下に育ちます。

同年代や趣味仲間という間柄であれば、お互いの個性を認め合ってつき合っていけます。

あなたがリードしてうまくいく

基本的にあなたがリードしていくことでうまくいくカップルです。あなたが好きになったのであれば、素直な気持ちをアピールすればOKです。とはいえ、強引なアプローチは相手をおじ気づかせてしまう可能性も高いので、さりげなく話しかけるとか、友人に協力してもらってグループで遊びに行くといった、ソフトなアプローチを仕かけてみましょう。

相手のほうが恋心を抱いている場合、なかなかアプローチしてこないので、気づかないケースもありそうです。デートの誘いがあったなら、どれほどの勇気を振り絞っているかを想像して、笑顔で応じてあげましょう。モノの考え方や感じ方には、大きな差があります。でも、理解が深まるにつれて、それぞれの弱点をカバーし合える、いいカップルだと感じるようになるはずです。

自分7画×相手1画

どちらが主導権をとるか

自分の個性を全面に出して自己アピールしていきたいあなた。対する相手も自信にあふれ、リーダーシップを取りたがるタイプです。

したがって、どちらが主導権を取れるかによって、二人の関係は微妙に変わってくるでしょう。あなたが上司や先輩という立場であれば、大してキャリアもないうちから、堂々と自分の意見や提案をしてくる相手は、生意気な部下や後輩と映るはずです。でも、否定してはいけません。上手におだててあげれば、やる気満々で大きな戦力となってくれるでしょう。

あなたが部下や後輩であれば、直情型の相手とぶつかることも。議論を戦わせても、最後は相手に花を持たせることで、良好な関係を築いていけます。

同年代や趣味仲間であれば、よきライバルとして切磋琢磨していける関係となるでしょう。

出会った瞬間に惹かれ合う

強く惹かれ合い、恋に落ちることになりそうです。まさしく運命の相手と感じられるでしょう。相手しか見えず、仕事も友人関係もおざなりになってしまうかもしれません。交際が長くなるにつれて、ときめきは徐々に消えていきますが、気持ちがすぐに通じ合う関係は、相変わらず快適なはずです。

ケンカはかなり派手です。言いたい放題で、周囲が慌ててしまうほど。しかし、思いきり言い合ってしまうと、以前の仲良しカップルに戻ります。

恋に落ちずに、ダラダラと友人関係を続けてしまうケースもありそうです。その場合、どちらかに恋人ができたりして、すれ違いのような状態が続きそうです。とはいえ、ひょんなことから恋が始まる可能性も十分にあります。もしかしたら、それは十年や二十年も先のことかもしれませんが。

自分7画×相手2画

気遣い上手の相手

相手は気遣いができる、やさしい心の持ち主です。この上司や先輩と一緒なら、リラックスして仕事ができるでしょう。部下のことをいちばんに考えてくれるので、仕事上の悩みはもちろん、個人的な心配事も気軽に相談できます。ただし、ぐいぐいと自分を引っ張っていってくれる上司を望む場合は、不満を感じることもありそうです。

相手が部下や後輩というケースでは、おとなしくて覇気のない相手に育てがいがないと思うかも。しかし、一緒に仕事をしていこうという意識をアピールすれば、かならず期待に応えてくれる相手です。時間をかけて、信頼関係を築いていきましょう。

同年代や趣味仲間の間柄では、それぞれに仲間がいて、別のグループに属しているため、あまり接点がなさそうです。

すぐに熱い関係へ

あなたの個性は相手に強烈なインパクトを与えそうです。そのインパクトが恋愛感情に結びつけば、しめたもの。すぐに熱い関係になれるはずです。

しかし、あなたのインパクトの強さが、マイナスに働くこともありそうです。いったん「苦手なタイプ」だと思われてしまうと、その苦手意識をくつがえすのは並大抵のことではありません。相手が落ち込んだり、悩んだりしている時、それを敏感に察知して、心を尽くしてあげたりすれば、苦手意識が消える可能性は高いでしょう。

あなたと相手は、残念ながら、価値観も人生観も、恋愛観もかなりかけ離れているカップルです。でも、その違いすぎる二人が出会ってつき合う運命を、面白がり、楽しむ気持ちがあれば、意外とうまくやっていけそうです。

自分7画×相手3画

相手を特別扱いしないで

あなたが上司や先輩という立場であれば、そつなく仕事をこなし、誰に対してもフレンドリーに接する相手を、優秀な部下として認めるはずです。とはいえ、相手を特別扱いするのは控え目にしておいたほうがいいでしょう。評価が高すぎると、かえって、相手はストレスを感じてしまいます。

あなたが部下や後輩というケースでは、自信過剰でやや身勝手な相手に振り回されて、ストレスが溜まってしまいそうです。要望や意見は、遠慮せず、口にするほうが、相手とうまくやっていくことができるはずです。一緒に食事でもしながら、本音を打ち明けてみるのもいいでしょう。

同年代や趣味仲間の間柄であれば、リーダーシップを取るあなたに対して、調整役の相手と、役割分担はうまくいきそうです。

おしゃれな駆け引きを好む

あなたが個性や魅力を強烈にアピールしても、相手はやんわりと受け止めるだけ。それほどインパクトは与えられないかもしれません。というのも、相手は強引でストレートなアプローチより、さりげなくおしゃれな恋の駆け引きを好むタイプだからです。

相手を虜にしたいと思っているのなら、あえて、個性をアピールするのは控え目にしましょう。奇抜なファッションや派手なデートよりも、洗練された雰囲気を大事にするのがおすすめです。

相手があなたに好意を感じている場合、デートに応じてみるといいでしょう。魅力的な相手に、いつしか惹かれている自分を発見するはずです。

交際がスタートして以降は、意見の食い違いが多く、別れの危機に見舞われることも。しかし、乗り超えていけば、深い絆で結ばれるカップルです。

自分7画×相手4画

やるべきことをきちんとこなそう

個性をアピールしたいあなたに対して、相手は自分の主張を押し通そうとするタイプ。

相手が上司や先輩というケースでは、個性ばかり主張して地道な努力を嫌うあなたを、好ましくない部下と感じてしまいがち。まずは低姿勢を心がけ、キチンとやるべきことをこなしましょう。ちゃんとやっている、というのが伝われば信用してもらえます。いったん信頼関係が築ければ、あなたの個性も主張も認めてもらえるようになってきます。

あなたが上司であれば、やや難しい仕事でも、どんどん頼んでしまいましょう。信頼されているという気持ちが、相手にとって自信となります。

同年代や趣味仲間の間柄では、ライバルとして意識し合う関係となりそう。口論することもありそうですが、それがきっかけで大親友になるケースも。

本心を見せない相手

好意を感じたなら、あなたはストレートにその気持ちを伝えようとするでしょう。ところが、相手は、本心を見せなかったり、関心を寄せてくれないかもしれません。無視されているのでは、と思ってしまうこともありそう。でも、必要以上によそよそしい態度で接してくるのは、むしろ、あなたに好意を抱き始めたしるしかもしれません。

相手のほうが片思いしている場合、あなたはちっともその気持ちに気づかないはずです。でも、見渡してみれば、つねにあなたのそばにいる相手を発見するでしょう。

考え方も価値観も違いすぎる二人ですが、お互いのよさがわかってくるに従い、ラクにつき合えるようになってきます。どちらも意固地なので、ケンカの仲直りは、あなたから仕かけて。

自分7画×相手5画

スタンドプレイに気をつけて

斬新な発想が得意なあなたは、上司や先輩から有能な部下として評価してもらえるでしょう。ただし、時にはスタンドプレイが目立ちすぎるといった批判を受けることもありそうです。

しかし、この相手に限っては、あなたの上をいくようなパフォーマーです。さらに、あなた以上に派手で華やかなことが大好きで、ユニークな発想力や創造力の持ち主。したがって、自分とよく似たタイプのあなたを何かと目にかけて可愛がってくれます。

あなたが上司や先輩といったケースであれば、明晰な頭脳を持つ相手は、頼もしい部下であると同時に、自分のポジションを脅かす存在と感じられそうです。

同年代や趣味仲間であれば、すぐに意気投合するでしょう。ライバル心もありますが、それ以上に、一緒にいて楽しい人と感じるはずです。

恋愛を楽しめる関係

華やかな相手に、あなたはすぐに夢中になるでしょう。ただし、モテモテの相手だし、浮気が心配だと感じて、二の足を踏むケースも。本当に自分のことを真剣に愛してくれているか、ハッキリするまでは、あえてクールに応対するかもしれません。

しかし、他の人になびいてしまうのではないか、という不安は、相手も同じように持っています。あなたの恋愛遍歴を知っていれば、なおさら、交際をためらう可能性も高いでしょう。

とはいえ、二人はともに、恋愛を楽しめるタイプです。ちょっとしたすれ違いや嫉妬心さえ、恋のスパイスにしてしまえる二人なのです。相性はバツグンですが、ケンカも少なくないでしょう。もう会わない、と決めても、不思議と元のさやに戻ってしまう運命の二人です。

自分７画×相手６画

クールで気遣いにあふれた相手

あなたが上司や先輩であれば、どんな状況にあってもクールにテキパキと対処できる部下はとてもありがたい存在だと思えるはずです。弱音を吐いたり、頼ってきたりすることもないので、多少物足りなく感じることもありそう。

とはいえ、やはり、あなたに比べれば圧倒的に経験やスキルは少ないのも事実ですから、親身になって指導してあげましょう。そうすれば、最高の関係を築いていくことができます。

あなたが部下や後輩であれば、有能で懐の深い相手の下でのびのびとやっていけるでしょう。あなたの型破りな発想や行動力も、面白がってくれたり、認めてくれる上司です。

同年代や趣味仲間であれば、終生の友情が成立するでしょう。

深まるほどに理想の相手と気づく

華やかで目立ちたがり屋のあなたにとって、オシャレでセンスのよい相手は魅力的に感じられるでしょう。ぜひ、自分のモノにしたいはずです。

とはいえ、猛アプローチを仕かけても、相手の反応はイマイチで、あなたほど、熱い思いに駆られることはなさそうです。とはいえ、アプローチされていることに対しては、まんざらではありません。反応がパッとしなくても、根気よく愛情をアピールしていけば、徐々に、あなたを受け入れてくれるでしょう。

というのも、あなたと相手の相性はとてもよく、つき合いが深まるにつれて、お互いを理想の相手だと感じていく、そんなカップルだからです。

相手があなたに熱い視線を注いでくれているなら、つき合ってみても損はないはずです。想像以上に何かと気が合い、楽しい時間が過ごせるでしょう。

自分7画 × 相手7画

つねにいちばんでいたい

自分がつねにいちばんでいたい、という気持ちは、あなたも相手も同じです。

したがって、あなたが上司や先輩であれば、とりあえず、立場上、あなたのほうが上にいる分、優位に立つことができるでしょう。個性や才能をアピールしたがる相手を苦々しく感じることもありますが、やる気はちゃんと買ってあげたいもの。上手に育てていけば、腹心の部下になってくれます。

あなたが部下や後輩という立場なら、しゃかりきになって自分をアピールするのはほどほどにして、与えられた仕事を全力でこなしてください。真摯な姿勢が伝われば、相手もあなたを認めてくれます。また、できるだけコミュニケーションの取れるシーンを増やすことも大切。気持ちがちゃんと通じているなら、最強のコンビになれるでしょう。

いずれは恋に落ちる運命

どちらが恋の主導権を握るかで、密かなバトルが繰り広げられるカップルです。

相手はさりげなくあなたの動向や恋模様を見張っているのかもしれません。ほんの少しでも、あなたの気持ちが自分に向いていると感じたなら、実は、ほくそ笑んでいるはずです。とはいえ、自分から仕かけることはせず、あなたがアプローチしたくなるように誘導していきます。

あなたのほうが恋心を感じているのであれば、迷わず、アプローチしていくのがいちばんです。相手の反応がイマイチでも気にする必要はありません。いずれ、二人は恋に落ちる運命だからです。

交際がスタートしてからも、小さなことでもめたり、ケンカしたりしがち。とはいえ、周囲をハラハラさせながら、意外と長続きするカップルです。

自分7画×相手8画

何かとパフォーマンスに走りがち

相手は正確無比で完璧な仕事ぶりを目指そうとするタイプです。

したがって、こんな相手を上司や先輩に持ったならば、何かとパフォーマンスに走りがちなあなたのやり方は猛反発を食らってしまうかもしれません。むしろ、勤勉に黙々とこなす姿勢を見せたほうが評価は高くなります。

あなたが上司や先輩というケースでは、細部にこだわりすぎる相手にイライラが募ってしまうでしょう。でも、そんな部下をカバーしてあげるのが上司の務めだと思い直して頑張りましょう。相手がやりやすい環境を作ってあげれば、いずれ育って、あなたの力になってくれます。

同年代や趣味仲間であれば、お互いの弱点を補い合える、ベストな関係です。

あなたが頑張るほど引く相手

自分をアピールしようと頑張れば頑張るほど、相手は引いてしまうかもしれません。というのは、相手は猛アプローチには興味がなく、愛とは地道に育んでいくものだと考えているからです。

したがって、最初から恋人になろうとするのは、おすすめできません。まずは、相手にとって、最高の友人になることを目指しましょう。友だち同士だと思えば、あなた自身、肩の力を抜いてフランクに接することができるし、相手もすんなりと受け入れてくれるはずです。

相手のほうがあなたに好意を持っている場合、あなたには興味のないタイプだと思えるかもしれません。でも、つき合ってみると、心やさしい相手に徐々に安心感が芽生えてくるでしょう。つき合うにしたがって相性がよくなっていく二人です。

自分7画×相手9画

息が合う素晴らしいコンビ

あなたは発想力にあふれ、才能豊かなタイプです。したがって、あなたが上司や先輩というケースでは、部下である相手から、あこがれの目で見られているはずです。

とはいえ、相手も柔軟な思考と斬新なイマジネーションを持ち、コミュニケーション能力にも長けています。あなたこそ、自分の部下になってくれてよかった、と感じるでしょう。息もぴったりで、素晴らしいコンビとして活躍できます。

あなたが部下や後輩であれば、自己主張の激しいあなたをスムーズに受け入れてくれる、素晴らしい上司と感じられるでしょう。積極的に、相手の懐に入っていけば、ますます可愛がってもらえます。

同年代や趣味仲間であれば、最高に愉快なつき合いができる関係となります。

知れば知るほど好きになる

お互いに魅力を感じ合い、惹かれ合う二人です。しかも、このカップルの場合、相手を知れば知るほど、ますます愛情が湧いてくるのです。まさに「運命の人」として、お互いを認識し合うはずです。

ただし、ずーっと長い間知り合いや同僚、友だちだったのに、なぜか恋愛関係にならないケースも。たとえば、出会ったとき、すでにどちらかに恋人がいたりして、友人関係のままできてしまう場合です。

でも、ちょっとしたきっかけがあれば、間違いなく、恋に発展するでしょう。たとえば、お互いにたまたまフリーになったり、転勤や転居で離れ離れになっていたのが、再会して話がはずむ、といったケースが考えられます。

一度恋に落ちてしまえば、相手のいない人生なんて想像できなくなってしまうのです。

自分８画×相手０画

理解してもらう努力を

あなたは完璧主義で自分の意志を貫き通したいタイプです。そんなあなたが上司や先輩であれば、相手は覇気のない部下に感じられ、ついガミガミと叱ってしまいたくなるかもしれません。

でも、それはダメ。まずは、話せる上司だとわかってもらう努力が必要です。相手が心を開いてくれれば、やる気を引き出すこともできます。

あなたが部下や後輩のケースでは、相手の上司が頼りなく感じられてしまうかもしれません。でも、普段はおとなしいイメージですが、いざとなると腹をくくる強さも持っていますから、大丈夫。相手の長所をどんどん自分に取り込んでいけばＯＫです。

同年代や趣味仲間では、それぞれ属するグループが違うので、ぶつかり合うこともない代わり、親しくつき合うことも少ないでしょう。

着実に愛を育みたいあなた

あなたは好きな人ができたとしても、浮かれた気分になったり仕事が手につかない、なんてことはないクールなタイプです。そして相手をしっかりと分析して、愛を伝えようとするはずです。つまり、確実に着実に愛を育んでいきたいのがあなたなのです。

これに対して、相手はつき合う人しだいで、恋愛スタイルをガラリと変えてしまいます。あなたに好意を感じているのであれば、生真面目な交際に応じてくれるでしょう。

あなたの片思いであれば、情熱的なアプローチを仕かけていくべき。石橋をたたくような悠長なアプローチでは、相手の心は他を向いてしまいかねません。

交際後も相手の気持ちがよくわからず、不安を感じるかも。でも、いつまでもミステリアスな相手であることが、あなたを惹きつけてやまないでしょう。

自分 8画 × 相手 1画

妥協しないあなたに理解者が

あなたは自分のスタイルを完璧に追求していきたいタイプです。周囲からあれこれ言われても、妥協せずに意志を貫きたいと考えています。

そんなあなたが上司であれば、部下に対しても厳しく接し、正確さを求めるでしょう。部下である相手は、やる気にあふれ、少しばかりの苦難にはへこたれない、メンタルの強さを持っています。したがって、あなたの要望に見事に応えてくれるはずです。

あなたが部下や後輩であれば、前向きで希望を忘れない姿に、勇気づけられることが多いはず。完璧主義で慎重になりがちなあなたに欠けているのは、一歩前に踏み出す意識だと気づかされるからです。

上下関係にかかわらず、二人は最強のコンビといえます。同年代や趣味仲間であれば、よきライバルとして、よき友人として交友を深めていけるでしょう。

違いがあれど絆は深まる

自分なりの恋愛スタイルを持っているあなた。恋人はこんなタイプ、デートコースは絶対これ！　といった強いイメージがすでにあるはずです。

ところが、相手は少しもこだわりがありません。最初は、飾らない相手に驚いたり、どう対応していいかと戸惑うことも。でも、素直でストレートな魅力に惹かれてしまうのは時間の問題です。

あなたのほうが好意を感じた場合、相手はなかなか気づかず、歯がゆい思いをしそう。相手はカンの鈍いタイプですから、思いきってわざとらしいくらい、愛情をアピールしてください。

本来、まったく性格もモノの考え方も違う二人です。交際後も、すれ違いや、寂しい思いをすることもあるかもしれません。しかし、お互いの愛の深さがわかるにつれて、絆も深まっていくでしょう。

自分8画×相手2画

相手の柔軟さを見習おう

あなたは意志が強く、自分のやり方や生き方を貫きたいと思い、完璧を求めるタイプです。これに対して、相手は控え目な人柄の持ち主で、柔軟に相手に合わせていきます。

あなたが上司や先輩という立場であれば、厳格な態度で部下に接してしまいがち。そんなあなたを、相手は苦手に感じる可能性は否定できません。協力して仕事をこなすためには、ふだんから十分なコミュニケーションを取っていくことが大事です。

あなたが部下や後輩であれば、相手の方針がぶれがちで不安を感じるかも。しかし、相手の柔軟に状況に合わせる才能は見習うべき。お互いのよさを認め合えれば、安定した関係を築けます。

同年代や趣味仲間といった関係であれば、一定の距離を持ってつき合えるでしょう。

個性の違いが二人を互いを惹きつける

個性の違いが二人を惹きつけます。やさしい心遣いや状況に合わせた行動ができる相手に、あなたは安心を感じます。相手のほうも、芯の強さや頼りがいのあるあなたを魅力的に感じているはずです。

ただし、どちらも自分から積極的に恋に飛び込んでいけず、アプローチを待ってしまいます。お互いが「待ち」の姿勢なのですから、恋がスタートしないのは無理のないこと。ここは意を決し、あなたからアプローチしていきましょう。

交際がスタートしてからも、相手はなるべく、あなたに合わせて柔軟に対応したいと思っています。無理に恋を盛り上げる必要はありませんが、楽しいデートコースの提案はあなたから仕かけましょう。

誕生日やクリスマス、バレンタインなどのイベントを楽しむことで、愛は深まっていきます。

自分8画×相手3画

あなたの信頼度の高さに心開く

決して人づき合いが上手なほうではないあなたですが、信頼度はバツグン、いったん決めたことは何としても貫く芯の強さも持ち合わせています。ただ、相手に対して、おべっかを使ったり、チヤホヤしたりすることができないだけです。

したがって、あなたが上司や先輩というケースでは、相手から怖い上司と思われそうです。とはいえ、相手はすんなりと懐に飛び込んでくる可愛さを持っています。厳格なあなたも徐々に心を開いていけるでしょう。

あなたが部下や後輩であれば、一人で頑張らず、相手の協力やアドバイスを求める姿勢をアピールしてください。ほどなく信頼の絆が芽生えてきます。

同年代や趣味仲間であれば、あなたが方針を決定し、相手が周囲との調整をはかってくれる、役割分担ができる関係となります。

フレンドリーな相手に夢中になる

華やかなムードを持ち、誰とでも気軽に話せるフレンドリーな相手に、あなたは夢中になってしまうでしょう。とはいえ、いくら惹かれているとしても、あまりにもキラキラと輝いている相手なので、言葉をかけるのを躊躇してしまうかもしれません。

でも、ダメモトでアプローチしてみましょう。案外、相手のほうも、口先だけの調子のよいタイプには飽きがきてしまい、あなたのような堅実で誠実そうなタイプを求めているかもしれないからです。

もしも、相手にしてもらえなくても、諦める必要はないでしょう。友だち関係から一歩一歩、絆を深めていけば、恋心が通じる可能性は十分にあります。

本来、人生観も恋愛観も違うタイプですが、その違いを面白がることができれば、お互いのウィークポイントをカバーし合える、素敵なカップルになれます。

自分8画×相手4画

似た者同士の完璧主義

どちらも自分の手の内を見せず、慎重なタイプです。しかも、あなたは完璧主義者だし、相手は強い意志の持ち主です。このため、最初はウマが合わない、と感じてしまいがちです。

とはいえ、実は似ている二人。長くつき合っていけば、認め合える関係となるはずです。

あなたが上司や先輩であれば、少し高いくらいの目標を持たせてあげるといいでしょう。任せてもらっている、という意識が、相手を成長させます。

あなたが部下や後輩であれば、相手への信頼感をアピールするといいでしょう。コミュニケーションを絶やさない工夫が大切です。相手から信用されれば、仕事も人間関係もスムースにいきます。

同年代や趣味仲間であれば、最初は反目し合っても、いずれ強い絆で結ばれる二人です。

いずれはベストカップルに

好意を持ち合いながらも、なかなか恋が進展しない二人です。というのも、あなたにはあなたなりの恋愛の仕方や理想の恋愛イメージがあり、相手にも「こうありたい」という恋愛観があるからです。

このため、腹の探り合いという状況が続いてしまいやすいのです。しかも、どちらも、相手から「アプローチしてもらいたい」という願望が強いのです。でも、待っているだけでは、恋は進展しません。好きだと思うなら、あなたからアプローチしてみましょう。すぐに反応がなくても、心配はいりません。相手はあなたの本気度を試しているだけだからです。

交際がスタートしてからも、細かなことでもめることがありそう。でも、面倒がらずに話し合って、お互いのコンセンサスを作っていきたいもの。そうすれば、いずれ、ベストカップルになれるでしょう。

自分8画 × 相手5画

上手にコントロールして

着実にクリアしていきたいあなた。相手のほうは楽しく、さっさとこなしたいタイプです。仕事に対するスタンスに違いがあるため、一緒にやっていくには何かと齟齬《そご》が生じそうです。

あなたが上司や先輩であれば、自由奔放に振舞いたがる相手に、不満を感じてしまうでしょう。とはいえ、スピード感あふれる仕事ぶりやアイディア豊富な点は評価してあげたいもの。

あなたが部下や後輩であれば、思いつきでやり方をどんどん変えていく上司に不安を感じるかも。でも、相手の才能や発想力に感銘を受けることも多いはずです。自分からやりたい仕事や方向性をアピールすることで、面白い仕事を任せてくれます。

同年代であれば、相手にイベント系をお任せして、実務に徹すれば、最強のコンビになれます。

互いにすり合わせを

あなたは簡単に人を好きになることができないタイプ。相手がどんな考え方を持ち、どんな恋愛をしたいのかをチェックした上でないと、一歩が踏み出せません。これに対して、相手は恋愛をゲームのように考えているため、真剣におつき合いする相手にはふさわしくないと感じられるでしょう。

ところが、お互いに違いすぎるからこそ、気になって仕方がないはずです。決して遊びの恋ができないあなたを相手も憎からず思っているはずです。

お互いにすり合わせができていけば、強い愛情で結ばれる可能性も。あまり相手を束縛しない気遣いは必要です。相手があなたと交際していて面倒くさいとか息苦しいと感じない程度の距離感がキープできれば、徐々にあなたの誠実な愛がどれほど素晴らしいものなのか、伝わっていくはずです。

自分8画 X 相手6画

胸襟を開けば力強い味方に

あなたはなかなか自分の内面を見せたくないタイプです。あなたが上司や先輩という立場であれば、軽々しく相手に話しかけてなめられてはたまらない、という気持ちもあるでしょう。

しかし、気軽にコミュニケーションを取り、あなたの考えや方向性を伝えていくほうが、相手も対応しやすいはずです。特に、相手は器用で柔軟性にあふれているので、あなたから胸襟を開いてつき合っていけば貴重な戦力になってくれる存在です。

あなたが部下や後輩であれば、何かと気遣いを示してくれる上司はありがたいと思える半面、煩わしく感じることもありそう。でも、楽しく仕事ができる上司だと割り切れれば、うまくいくでしょう。

同年代や趣味仲間であれば、あなたの頑固さを笑って受け止めてくれる相手です。

まずはデートしてみて

相手があなたに好意を抱いているのであれば、気軽にアプローチしてくるでしょう。それほど親しくないし、何を考えているかわからない、と不安に思うかもしれませんが、まずはデートしてみましょう。とりあえず、つき合ってみてから、この先どうするかを考えてもいいのですから。最初から、わかり合える恋愛なんてあり得ないと思うべきでしょう。

あなたの片思いでは、華やかでモテモテの相手は高嶺の花に感じられるかも。誠実さに欠ける恋愛にウンザリしている可能性も高いのです。当たって砕けろ、という気持ちで、アプローチしてみることをおすすめします。

いったん、交際がスタートしてしまえば、いつも楽しげな相手に、ついあなたの顔もほころんで、幸せな毎日が続くはずです。

自分8画×相手7画

上手にコントロールを

つねに正確さや着実さを心がけ、自分を律することを知っている大人のあなたに対して、相手はむやみに自分主張したがるタイプ。

あなたが上司や先輩であれば、パフォーマンスばかりしたがる部下は頭の痛い存在となりがちです。とはいえ、独特の発想や行動力を持っている相手ですから、上手にコントロールすれば、貴重な戦力になってくれるはずです。コミュニケーションを密にして、報告や相談を欠かさないように指導してください。

あなたが部下や後輩であれば、相手のペースに巻き込まれないように気をつけたいもの。つかず離れずの関係をキープしながら、あなたにはない発想力や行動力を見習うといいでしょう。

同年代や趣味仲間といった間柄であれば、利害関係がない分、楽しくつき合えそうです。

誠実さ堅実さが相手の心を打つ

派手で自己アピールに忙しい相手は、嫌でも目につくタイプです。堅実派のあなたとしては、決して好みではないはずなのに、ついつい目に入ってしまい、惹かれてしまうかもしれません。相手もあなたの気持ちを知っているのか、何かとちょっかいを出してきそうです。

ただし、相手が本気だとわかるまでは、急いで誘いに乗らなくても大丈夫です。たまには笑顔を見せて、好意をチラッと見せるだけでOKです。そうすれば、相手は俄然、真剣にアプローチしてくるはずです。

あなたが完全に片思いのケースでは、恋のチャンスがつかめず、苦労してしまうかも。そんな時は、すぐに恋人同士を望まず、よい友人になることを目標にしてください。誠実で堅実なあなたの存在が、相手の心の中で徐々に大きくなっていくはずです。

自分8画×相手8画

頑固な二人が競い合い？

あなたも相手も自分の意見を曲げず、頑固に主張してしまうタイプです。

したがって、あなたが上司や先輩であれば、素直に従ってくれない相手に、ストレスを感じてしまうこともありそうです。とはいえ、あなたのほうがポジション的に有利です。頭ごなしに押さえつけず、相手の頑張りや辛抱強さを大いに認めてあげましょう。

あなたが部下や後輩であれば、相手を立てる気遣いを忘れないこと。その上で、言いたいことはちゃんと伝えて理解してもらえばＯＫです。ちゃんとコミュニケーションが取れれば、あなたにとって最大の理解者になってもらえます。

同年代や趣味仲間では、バチバチと火花を散らすライバル関係になりそう。競い合っているうちに、同志としての共感も生まれてきます。

長続きする恋が目標

二人とも、交際する以上は長続きするような関係を築きたいと望んでいます。とりあえず、つき合ってみる、といったお手軽な恋はできればしたくない、と思っているでしょう。でも、あまりに慎重過ぎるために、なかなか交際が始まらないのでは、いつまでたっても恋愛などできません。

あなたが好意を持っているのであれば、とにかく、アプローチしてみましょう。相手の好みの映画やコンサートにでも誘ってみればＯＫです。それも難しいようであれば、友人に協力してもらって合コンやグループデートにこぎ着ければいいのです。

二人は本来、とても相性のよいカップルです。心から打ち解け合うまでには時間がかかるかもしれませんが、時間をかければ、素晴らしい絆を結ぶことができるでしょう。

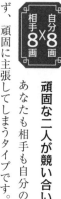

自分8画×相手9画

細部にこだわりすぎないで

柔軟な思考と豊かなイマジネーションを持つ相手は、堅実派のあなたにとって脅威と感じられるかもしれません。とはいえ、味方につけることができれば、大きな戦力となります。

特に、あなたが上司や先輩であれば、ぜひとも、しっかりとコミュニケーションを取って、よき部下として育てていきたいものです。完璧主義で細部にこだわるあなたですが、あまり厳格にしすぎるのは考えもの。ある程度の制限を設けたうえで、のびのびとした環境に相手を置いて育てていくといいでしょう。

あなたが部下や後輩であれば、気さくな上司と感じられるはず。能力以上を求められることもありますが、期待の表れだと思って頑張って。

同年代や趣味仲間であれば、衝突もありますが、つき合いが長くなるにつれて、交友も深まります。

友だちの延長のつもりで交際を

相手のほうが好意を感じているのなら、どんどんアプローチして攻めてくるはずです。あなたもまんざらではない、と感じているのなら、気軽に誘いに乗ってみるといいでしょう。想像以上に楽しい時間が過ごせて、あなたが恋に落ちるのも時間の問題です。

あなたのほうが恋をしているケースでは、相手の真意がわからず、不安に思ってしまうかもしれません。ただし、あなたほど、相手は恋愛を深刻に考えているわけではない、ということは肝に銘じておきましょう。とりあえず、友だちの延長のようなつもりで、交際を楽しむとうまくいくはずです。

また、あなたのほうも、楽しいデートを演出できるようにいろいろと工夫してみましょう。そんな気遣いが相手を喜ばせ、徐々に愛が深まっていくことになるからです。

自分9画×相手0画

共通点が少なくても

共通点が少なく、なかなか接点が見つけにくい関係です。とはいえ、同じ職場であれば、嫌でも顔を突き合わせなくてはいけません。

あなたが上司や先輩であれば、話しかけても反応が今一つの相手にイライラしてしまうかもしれません。でも、じっくり話せば、予想外の答えが返ってきたり、意外な面白さを見出すことができそうです。

あなたが部下や後輩の場合は、大いに自分の能力や発想をアピールしていきましょう。当初は戸惑い顔を見せても、いずれ、大らかに受け止めてもらえるはずです。

同年代や趣味仲間といった間柄では、属するグループが違うため、親しくなれるチャンスは少ないでしょう。とはいえ、いったん話し込めば、お互いの価値観や人生観の違いを面白がれるはずです。

違いすぎる二人だからこそ

まったく別々の星に住む住人のように、あなたと相手は大きく違っています。あなたが人生を大いに楽しみたい前向きで積極派、そして未来志向型でいるのに対して、相手は自分のテリトリーの中で穏やかな日々を送りたいと思い、メランコリックに過去を懐かしがるような面を持っています。

でも、そんなにも違いすぎる二人だからこそ、強烈な存在として、お互いを認め合うことになるでしょう。アプローチを仕かけていけば、相手は戸惑いながらも、徐々に愛を受け入れてくれるはずです。

しかも、つい枠をはみ出したり、その場の思いつきで行動したがるあなたを、受け入れてくれるだけの懐の深さがあります。「こんなに趣味も好みも違うのに、なぜか、仲良しなんだね」と、ほほ笑み合えるカップルなのです。

自分9画 × 相手1画

よきライバルとして競える

あなたのほうが相手を振り回してしまいやすい相性です。相手も自分の意見をハッキリと口にする意志の強いタイプなのですが、何しろ直球勝負しかできません。これに対して、あなたのほうは策略をめぐらし、相手を翻弄してしまう狡猾さを持っています。

とはいえ、あなたが上司や先輩であれば、ひたむきに仕事に取り組む相手は信頼できる部下といえます。余計な横やりは控えて、のびのびと仕事をさせてあげれば、素晴らしい部下に育ってくれるはずです。

あなたが部下や後輩であれば、一本気な相手と衝突することもあるかもしれません。一歩譲って相手を立てる気持ちが大切です。同年代や趣味仲間であれば、ぶつかり合うことも多いけれど、最終的にはよきライバルとして競い合っていけます。

スリリングな交際が楽しめそう！

積極的にアプローチしていくことで、相手の心をとらえることができるでしょう。ただし、あまりに策を弄したり、相手の愛情を試そうとするのはマイナスです。相手が望んでいるのは、まっすぐでピュアな気持ちだということを忘れないでください。

相手のほうが恋心を抱いているケースでは、あなたの意識は他の人に向いている可能性もあるでしょう。特定のパートナーがいないなら、つき合ってみるのも面白いはずです。気の合う面とまったくかみ合わない面の二つが同居している関係なので、意外とスリリングな交際が楽しめそうです。

交際がスタートしてからも、盛り上がったかと思うと、離れかけたりして、不安定な関係が続きます。でも、そんな山あり谷ありの恋を楽しめる余裕が、愛を持続させるポイントといえます。

自分9画×相手2画

相手の尊敬できる面を大切に

相手はできるだけ穏やかな関係を築いていきたいタイプです。これに対して、あなたはその場の思いつきで行動し、つねに何か面白いことはないかと探しているようなタイプです。

したがって、あなたが上司や先輩であれば、どうしても相手を振り回してしまいがち。相手はハラハラしたり傷ついたりしてしまうことも少なくないでしょう。相手のよさをほめてあげ、やる気にさせてあげる、そんな気遣いが必要です。

あなたが部下や後輩であれば、気の弱い上司だと感じてしまうかも。しかし、相手の調整力や協調性は、素晴らしい才能です。尊敬の気持ちをアピールすることが、良好な関係を築くポイントです。

同年代や趣味仲間であれば、つかず離れずの距離感が、ほどよい関係を作ってくれます。

時間をかけて愛を築いて

相手にとって、あなたは面白い話やアイディアを提案してくれ、ワクワクさせてくれる存在として映るでしょう。あなたと会うたびに、ビックリ箱を開けるような気分を味わっているはずです。そんなあなたに、相手が夢中にならないはずはありません。

とはいえ、一緒にいることであなたが楽しんでくれているかどうか、不安に思うことも。あなたとしては、穏やかで気遣いあふれる相手がいかに居心地のよい存在かを、ちゃんと伝えることが大切です。

個性も人生観も違う二人ですが、時間をかけて愛を築いていくことで、新しい世界が開けてくるでしょう。実はとても相性のよいカップルなのです。

もし危機が訪れるとすれば、あなたが自分勝手な解釈や行動をしてしまった時。ささいなことでも話し合い、打ち明け合っていくように心がけてください。

自分9画 × 相手3画

互いに高め合える最高の相性

お互いに刺激し合い、高め合っていける、最高の相性の二人です。

あなたが上司や先輩であれば、どんな突拍子もないアイディアを振っても心配はいりません。しっかりと受け止め咀嚼して、見事に実行してくれる、頼れる部下だからです。しかも、同僚との調整役もしっかり買って出てくれます。

あなたが部下や後輩であれば、無尽蔵のアイディアを披露してくれる相手は、学ぶべきところの多い上司といえます。積極的にコミュニケーションを取っていけば、何かと可愛がってくれるでしょう。

同年代や趣味仲間といった関係であれば、最高のライバルとして競い合いながら、友情を深めていくことができます。一生つき合っていける友人となるはずです。

相思相愛の仲になれそう

二人は最高の相性を持ち、まさに相思相愛の仲になれる可能性を秘めています。機転が利き、場を楽しく盛り上げるテクニックに長けたあなたに対して、気遣いにあふれ、次から次と興味深い話題を披露してくる相手。価値観や人生観はもちろん、恋愛観にも共通したものがいっぱいあります。

つまり、好きなものが同じことが多いわけで、観たい映画や好きなシンガーが同じケースが多いのです。いい友だちのつもりでいても、すぐに恋に落ちてしまうのは目に見えているでしょう。

ただし、あまりにツーカーすぎるため、慣れが生じてしまいがちな点は注意して。いくら相性バツグンといっても、つき合っていくうちには「意外な一面」を発見することもあるでしょう。相違点を理解し合っていくことで、さらに愛が深まるのです。

自分9画 × 相手4画

タイプが違っても仲良しに

カンが鋭く、斬新なイマジネーションを持つあなたに対して、地道に実績を積み上げていく相手は、まったく正反対のタイプといえます。

あなたが上司や先輩といった立場であれば、やや愚鈍に見えてしまうかもしれません。しかし、しっかりしたスキルさえ身につければ、確実に実績を積み重ねていく、信頼できる部下に変身します。

あなたが部下や後輩のケースでは、自分のスタイルや方針を変えない相手に、ストレスを感じることもあるでしょう。あなたのフレキシブルな態度は、むしろ、不信感を与えることも。相手を立てた上で、自分の意図をわかってもらう努力が必要です。

同年代や趣味仲間といった関係では、利害が生じない分、お互いの個性を受け止める余裕が生まれます。なぜか仲良しになれる二人かもしれません。

あなたから明るく挨拶を

相手はなかなか自分の本心を見せないタイプです。口数も決して多くなく、気軽に声をかけたくなるムードではないかもしれません。でも、だからといって、様子見をしているようではダメ。好意を感じているなら、相手の反応がイマイチでも、明るく挨拶したり、フランクな笑顔を向けるようにしてみましょう。そんな心遣いをアピールしていけば、やがて、相手もあなたに心を開いてくれるようになるでしょう。

相手があなたに好意を持っている場合、何のアクションも起こしてこないため、恋心に気づかないかも。でも、あなたにはない魅力や才能を秘めた相手です。何回かデートしてみても損はないはずです。

価値観も趣味もかなり隔たりがある二人ですが、その違いが恋のスパイスになって、もっと相手を知りたいというパワーになるでしょう。

自分9画 × 相手5画

どちらも相当の気分屋の二人

どちらも相当の気分屋です。盛り上がっている時は最高に楽しいし、実力以上のことがスイスイとできてしまうのですが、気分が乗らないと、成果もさっぱりとなってしまいます。

あなたが上司の場合、斬新な発想力とイマジネーションを持ち、何かと部下に刺激を与えるでしょう。部下の方も機転が利き、スピーディーに仕事をこなしていけるので、息もピッタリ、最強のコンビになれます。

あなたが部下や後輩の場合、相手の気まぐれにつき合わざるを得ません。相手がバイタリティーにあふれて次々とアイディアを繰り出し、斬新な方法にチャレンジしているシーンに遭遇できれば、学ぶことも半端なく多いはずです。

同年代や趣味仲間であれば、気も合うし、話も面白いし、出会った瞬間から最高の友人になれます。

互いに惹かれ合うカップル

意識しなくても、お互いに惹かれ合うカップルです。あなたにとって、一緒にいるだけで楽しくて仕方がない相手と感じられるでしょう。相手が何気なく口にした話題も、趣味も、興味深く、いつまでも聞いていたい気分になるはずです。しかも、相手から少しでもほめられると、天にも昇るような気分になってしまうから実に不思議です。

相手も、他の人といっぷう変わったあなたの発想力や、個性的ながらも洗練されたおしゃれなムードに、心ときめくでしょう。

もちろん、二人が恋に落ちるのは、時間の問題です。ただし、急に二人のスイッチが入らなくなった時は、別れの危機に陥るかもしれません。そんな時は、あなたからの働きかけが大切。連絡だけは絶やさないように心がけてください。

自分9画 X 相手6画

存在を脅かす可能性も

自由な発想と個性的な生き方を愛するあなた。相手は気配りにあふれる半面、状況を冷静に見極めたり、判断するクールさも宿しています。

したがって、あなたが上司や先輩のケースでは、物腰柔らかですが、仕事ができて才能の片鱗も垣間見える部下に、大いなる満足と深い信頼を寄せることができます。ただし、うかうかしていると、自分の存在を脅かす可能性もないわけじゃないと、うっすら危機感を抱く可能性もありそうです。

あなたが部下や後輩であれば、なかなかの人格者で話もよくわかり、的確に仕事をこなしていく相手に、安心して従っていくことができるでしょう。

同年代や趣味仲間であれば、お互いに遠慮せず、好き勝手なこと言い合い、大笑いできる楽しい関係です。たまに激論を戦わすのも楽しいでしょう。

一緒にいて快適

とても相性のよい二人です。

お互いに無理に相手を理解しようとか、相手に気に入ってもらおうと努力しなくても、顔を合わせているだけで、何となく楽しい気分になれたり、リラックスできるでしょう。一緒にいて快適な感覚を、出会いの時点から感じることができるのですから、こんな二人が恋に落ちないはずはありません。

ただし、時には、あまりに気心を知りすぎ、相手がよくわかりすぎるため、恋人というよりは兄弟姉妹や幼なじみのような気持ちにしかなれないケースもあるでしょう。

そんな二人の場合、それぞれ、恋愛経験を重ねた末に、改めて相手の魅力やよさを実感して、恋愛や結婚にいたる可能性も十分あるでしょう。共通の趣味を持てば、ますます愛が深まっていくカップルです。

自分9画×相手7画

学べることが多い相手

相手は発想力にあふれ、才能豊かでやや型破りな個性の持ち主。これに対して、あなたのほうは理性と感情のバランスが取れ、適度なユーモアと笑顔と自立性を兼ね備えています。

したがって、あなたが上司や先輩というケースであれば、相手は実にのびのびと仕事をやらせてもらえるでしょう。ただし、相手には調子に乗り過ぎる面があるので、クールに対処することも、時には必要です。

あなたが部下や後輩であれば、派手好きでキレキレの上司は、なかなか面白い存在だと感じられるでしょう。いくらか距離を置きながらも、学べることも多いし、楽しく仕事をしていくことができます。

同年代や趣味仲間であれば、仲良しな半面、お互いを強くライバル視しているはずです。

話がとぎれない関係

お互いに魅力を感じ合い、強く惹かれ合っていく二人です。一緒にいて、話が途切れる心配なんて、まずありません。いくらでも話したいことが出てくる、そんな関係だからです。周囲からすれば、相手はややエキセントリックだったり、派手すぎるように見えますが、あなたには、実に好ましく感じられるはずです。個性のない相手なんてつまらない、とさえ思ってしまうかも。

相手のほうも、あなたのあふれる気遣いや、その状況や周囲の人に合わせて柔軟に対処していく姿に、敬意の気持ちを感じます。こんな人が自分の恋人だったらと、あこがれの気持ちも増すでしょう。

そんな二人は相思相愛の仲。交際がスタートしてからも、新たな趣味やスポーツに挑戦したり、楽しみを見つけたりと、退屈する暇などありません。

自分9画×相手8画

分かり合えるまで時間がかかる

自由な発想と行動力を兼ね備えるあなたに対して、相手はコツコツと実績を積み上げていくタイプ。しかも完璧主義者の一面も持っています。

したがって、あなたが上司や先輩であれば、自分とまったくタイプの違う相手に面くらってしまうこともありそうです。しかも、相手はなかなか自分の胸の内をみせません。とはいえ、仕事熱心で努力家の一面がわかってくれれば、大事に育てていきたい人材に変わるはずです。

あなたが部下や後輩であれば、自分のやり方にこだわりすぎ、規則にもうるさい相手にストレスを感じることも少なくないでしょう。とはいえ、やる気をアピールすれば、徐々に認めてもらえます。

同年代や趣味仲間では、相手にリーダーを任せ、あなたが自由に活動していけば、うまくいきます。

グループデートから始めて

あなたが恋に落ちたならば、余計なことは考えずに早速デートに誘ってしまうはずです。でも、相手の返事はハッキリせず、気があるのかないのか、霧の中状態。でも、それは興味がないのではなく、あなたの本気度を確かめたいからです。

押しまくると、相手はおじ気づいてしまいます。映画やコンサートに誘ったり、友人に協力してもらい、グループデートから始めるとうまくいきます。

相手があなたに片思いしているケースでは、あなたの気持ちは他に向いてしまいがち。でも、とりあえずデートしてみても損はないでしょう。誠実な人柄に好感を抱けるはずです。二人は個性も人生観や恋愛観も、かなりの違いがあります。でも、その違いのお陰で、いずれ、お互いの長所を高め、欠点をカバーし合えるようになるはずです。

自分9画×相手9画

無二の親友になれそう

お互いが、自由かっ達な発想とパワフルでスピーディーな行動力を合わせ持っています。いわゆる才能にあふれる二人なので、同年代やクラスメイト、趣味仲間といった関係では、すぐに仲良くなれるでしょう。無二の親友になれる可能性も大きいはず。遠く離れてしまっても、顔を合わせれば、昨日会ったかのように言葉を交わせる二人です。

あなたが上司や先輩といったケースでは、仕事のできる部下に信頼感が芽生えるでしょう。腹心の部下と感じるはずです。ただし、いつかは自分のライバルになりえる、と一抹の不安もあるかもしれません。

あなたが部下や後輩であれば、何かと可愛がってもらえるでしょう。ただし、好き勝手なことを言いすぎて、出過ぎた存在と思われるのはマイナスかも。適度な距離感を持ち、尊敬の念をアピールしたいものです。

情熱的な恋がスタート

出会った瞬間、相手以外のすべてが見えなくなったり、まるで世界が変わってしまったように感じられそうです。「この人こそ、求めていた人だ」と確信するかもしれません。

そんな情熱的な恋がスタートしたならば、しばらくは地に足がつかない感じでしょう。でも、いずれは熱い思いも覚めます。その時、どんなふうに、今後の二人の関係を築いていくかが大事なのです。

相性はバツグンにいいのですから、要は飽きが来た時に、次の楽しみを上手にセットしていけばいいのです。新たな趣味に一緒にチャレンジするとか、転居して二人の距離感を変えてみるとか、週末だけ同棲してみるのもいいでしょう。工夫はいくらでもできます。新たなステージに進むたびに、二人の絆も深まっていくはずです。

第5章　姓名に隠された「毎日の運気」～バイオリズム

その日の運気を知り、幸運の一日を

「姓名」には、計り知れないパワーがいっぱい隠されています。

そのパワーの一つが、毎日の運気を知ることができる点です。この方法は、西洋で古くからおこなわれてきた「ヌメロロジー（数秘術）」という占術と、本書の姓名判断を組み合わせた、オリジナルな方法です。出し方は、とても簡単です。

あなたの総画、さらには、占いたい日付を、すべて、一けたずつの数字に変換して合計して、一けたの数字になるまで足していきます。

たとえば、総画47の人の、2020年6月29日の運勢を調べる場合

4＋7＋2＋0＋2＋0＋6＋1＋9＝31

3＋1＝4

その日の運勢ナンバーは「4」。

この章では、その日のバイオリズムについて、「今日の運勢」「人間関係」「愛情運」「仕事運」「金運」「健康運」の6つの方向からスポットを当てて、詳細に解説しています。

さらには、「幸運のカギ」として、ラッキーカラー、ラッキーフード、ラッキースポット、そして、ラッキーな方角の4アイテムを書き加えていますので、きっと参考になるはずです。

その日の運気を知って、ぜひ、幸運な一日を手に入れてください。

1

【今日の運勢】

好調な運気が期待できます。心に描いていた夢がかなうチャンスも訪れそう。やってみたいことにどんどん挑戦したり、行きたいところに気軽に足を運んでみて。すぐに実行できないあなたも、計画を立てたり、予約を入れてみるとラッキーです。

【人間関係】

スムーズな人間関係が築ける時。苦手に感じている相手とも気軽に言葉を交わせます。仲違いしている人との関係修復をはかるのもおすすめ。

【愛情運】

シングルの人には心はずむ出会いが訪れそう。先入観は捨てて話してみるのが一番。パートナーとの関係も良好。食事や小旅行を楽しんで。

【仕事運】

リーダーシップを大いに発揮でき、存在を認めてもらえる時。積極的に発言したり行動すると、評価がグンとアップします。転職や再就職もチャンス。

【金運】

趣味や特技がサイドビジネスにつながるかも。これから何か始めようと考えているなら、将来、お小遣いに結びつきそうな趣味や習い事を選んで。

【健康運】

日頃の運動不足を解消するとラッキー。多忙なあなたは一駅余分に歩いたり、エレベーターやエスカレーターを使わずに、階段を使うだけでもＯＫ。

【幸運のカギ】

イエロー、肉料理、劇場、北西

2

【今日の運勢】

周囲への気遣いを示したり、花を持たせることで、安定した運気が維持できます。協調性を大事にしましょう。趣味の時間を楽しむとラッキー。感受性が豊かになる時なので、美術館や博物館めぐりを楽しんだり、コンサートや映画館に足を運んでみては？

【人間関係】

余計なひと言は控えましょう。あなたは親切のつもりでも、相手には批判やおせっかいだと思われてしまいそう。ほめ上手を目指すのはＯＫ。

【愛情運】

パートナー運は最高。お互いの存在の大切さを改めて感じることに。新しい出会いは期待できませんが、すでに知っている相手と恋が芽生えるかも。

【仕事運】

チームワークで仕事しているあなたは素晴らしい成果が上がる時。遠慮せず、素直に意見交換してみると、ますますスムースに仕事が進みます。

【金運】

思いがけないプレゼントをもらえたり、ご馳走してもらったりしそう。商店街の福引で幸運を引き当てるケースも、懸賞に応募してみるのもおすすめ。

【健康運】

体のメンテナンスを心がけるとラッキー。ゆったりとバスタイムを楽しんだり、ヨガやストレッチをしてみては。ウォーキングを楽しむのもおすすめ。

【幸運のカギ】

シルバー、魚料理、庭園、北

3

【今日の運勢】

何かと楽しみが多い一日。有益なニュースがもたらされたり、うれしいお誘いが舞い込んだりしそう。おしゃれを楽しむのもおすすめ。ヘアスタイルを変えたり、ふだんと違うファッションに挑戦してみてはいかが？　新たな魅力が見つかります。

【人間関係】

あなたの周りに人が集まってきます。重要な役目を任されたり、悩み相談をされそう。フランクに応じて、力になってあげて。ますます信頼度が高まります。

【愛情運】

友情がいつの間にか恋心に変わっていく時。お誘いには気軽に応じるとラッキー。カップルはなつかしい場所を訪ねてみると、より愛が深まります。

【仕事運】

今までやってきたことの成果が見えてくる時。もう一頑張りすれば、最高の結果に結びつくでしょう。紹介や推薦によって、転職するのもおすすめ。

【金運】

ショッピング運が好調。ずっとほしかったものを格安のお値段で手に入れられそう。遠くのお店まで足を延ばしたり、通販やネットショッピングもラッキー。

【健康運】

ついつい食べすぎたり、飲みすぎてしまいがち。腹八分目を心がけましょう。夜遅くの飲食も控えたいもの。冷えやむくみにも気をつけましょう。

【幸運のカギ】

パープル、ケーキ、旅先、南西

4

【今日の運勢】

思い通りにならないことが多くて、イライラが募ってしまうかも。でも、停滞した運気も徐々に解消していくので、焦らないこと。午前中はやるべきことを黙々とこなして。夕方から夜にかけてはお誘いの声がかかったりして、楽しい時間が過ごせそう。

【人間関係】

気の合う人とのコミュニケーションを大切にすると◎。話を聞いてもらうだけでリフレッシュできます。苦手な人とは距離感を持ってつき合うことが大事。

【愛情運】

ライバルに後れを取ってしまうかも。でも、焦らず自分らしさをアピールすると、形勢逆転に。カップルは言い争いしやすい時。やさしさを忘れないこと。

【仕事運】

努力が実を結びそう。特に、長い間、打ち込んできたことには光が射してくるでしょう。どんなに紆余曲折があっても大丈夫。もう少し頑張ってみて！

【金運】

貯蓄に励むとラッキーな時。家計の無駄や保険を見直せば、まだまだ貯金できそう。無理なくできる範囲でバイトを探してみるのもおすすめ。

【健康運】

肩凝りや腰痛に悩まされそう。同じ姿勢を続けたり、座りっぱなしは控えて。首や肩を軽く回してみたり、屈伸などのストレッチで身体をほぐしてあげて。

【幸運のカギ】

ブルー、緑茶、図書館、南東

5

【今日の運勢】

好奇心が高まり、知識欲が旺盛になる時。やってみたかった趣味や習い事や語学にチャレンジするなら、今日がチャンス。資格取得にチャレンジするなら、トライしてみるのもおすすめ。新たな世界や興味深い人に出会えたり、よい刺激を受けることができます。

【人間関係】

ふだん言葉を交わさない人と積極的に話してみましょう。ちょっとしたヒントが見つかりそう。ご無沙汰している友人や知人に連絡を取るのもおすすめ。

【愛情運】

思いがけない相手からアプローチを受けそう。とりあえずデートしてみてはいかが。案外、うまくいくかも。カップルはいつもと違うデートコースを選んで。

【仕事運】

スキルアップを目指すとラッキー。苦手な分野にも積極的にチャレンジしてみて。ビジネス書を読んだり、先輩の助言に耳を傾けるのもラッキー。

【金運】

交際費や趣味にかかるお金が増えそう。でも、ケチケチするのはアンラッキー。自分への投資だと考えて。他の面で節約するように工夫しましょう。

【健康運】

お肌のメンテナンスを心がけるとラッキー。たまには、フェイスパックをしたり、マッサージしてみては。果物など、お肌によい食べ物の摂取もおすすめ。

【幸運のカギ】

グリーン、パスタ、コンサートホール、北東

6

【今日の運勢】

穏やかな運気が続く一日。その流れに逆らわず、仕事や家事をこなしたり、周囲と言葉を交わしてみて。何気ない暮らしやつき合いの中に、小さな幸福がいくつも隠されていることに気づくでしょう。感謝の気持ちが、さらなる幸運を招いてくれます。


【人間関係】

お世話になっている人に、お礼を込めてちょっとした贈り物をしたり、メールを送ってみてはいかが。家族におみやげを買って帰るのもおすすめ。


【愛情運】

モテモテ運。とはいえ、一人に絞るのが難しければ、つき合わなくてＯＫ。すでにパートナーのいる人は浮気心に注意。単なる火遊びで終わらないかも。


【仕事運】

意外なつながりが仕事にプラスに。同窓会で顔を合わせたのが縁で、新たなプロジェクトがスタートしたり。職場のアフターファイブも大切にして。


【金運】

臨時のお小遣いに恵まれそう。おねだりもスンナリかなうので、気軽にお願いしてみてはいかが。懸賞に応募したり、宝くじを購入するのもおすすめ。


【健康運】

元気いっぱいで過ごせる時。スポーツを楽しむとラッキー。思いきってプールやジムに出かけてみては。ウォーキングやダンスを楽しむのもおすすめ。


【幸運のカギ】

ピンク、コーヒー、ショッピングセンター、西

7

【今日の運勢】

今日のあなたは、思索的、哲学的な傾向が顕著になってきます。今までの自分を振り返り、今後についてじっくり考えるチャンス。パートナーや家族と話してみるのもおすすめ。思いがけないアドバイスがもらえて、新たな希望の光が射しこんできそう。

【人間関係】

誰とでもうまくつき合おうと頑張りすぎると、かえってストレスがかかってしまいます。緊張せずに話せる範囲で満足すればＯＫ。人脈作りは後日に回して。

【愛情運】

出会ったとたん、恋に落ちてしまうかも。でも、長続きするかどうかはかなり疑問なところ。カップルは些細なすれ違いから心が離れやすいので注意。

【仕事運】

ケアレスミスに気をつけて。成果を急ぐよりも、確実にこなしていくことに心を砕きたいもの。同僚や部下から相談を受けたら、親切に対応してあげて。

【金運】

余計なものを買い込んで後悔しやすい時。本当に必要なのか、じっくり考えてから購入しても遅くなさそう。親しい間柄でもお金の貸し借りは控えて。

【健康運】

睡眠不足から体調を崩しやすいので気をつけましょう。ベッド回りの環境を整えて、心地よい眠りが訪れるように心がけて。抱き枕も効果がありそう。

【幸運のカギ】

グレー、めん類、水辺、東南

8

【今日の運勢】

のんびりマイペースで過ごすのが正解。無理やり成果をあげようとか、周囲から認めてもらおうといった欲張りな気持ちは持たないほうがよさそう。好きな音楽やドラマ、映画や小説などに浸ってみてはいかが。感情が発散でき、運気も回復してきます。

【人間関係】

すれ違いや誤解が起こりやすい時。メールやラインを送る時は、特に言葉遣いに気をつけましょう。趣味仲間とワイワイ楽しむのはおすすめ。

【愛情運】

もしかしたら、人生を共にできそうな相手が現れるかも。カップルは将来について話し合うとラッキー。堅苦しく考えず、ラフなムードを演出してみて。

【仕事運】

ポジションがアップするかも。また、異動や出向などの話が持ち上がっているなら、検討してみるのもおすすめ。現状を打ち破るチャンスになるかも。

【金運】

不用品をリサイクルショップやネットオークションに出すと、ちょっとしたお小遣いになるかも。お部屋も片づき、ふところも暖かくなり一石二鳥に。

【健康運】

疲労が溜まっている様子。今日はできるだけ休養に努めましょう。激しい運動は控えたほうがよさそう。短時間の昼寝をすれば、疲労回復できそう。

【幸運のカギ】

ブラウン、サラダ、美術館、南

9

【今日の運勢】

変化が訪れる日。今までの流れを変えたいなら、今日がチャンス。新たな一歩を踏み出してみましょう。しっくりいってなかったことの軌道修正をはかるのもおすすめ。新しい道、新しい店、新しい友人など、未知のものに幸運が待っています。

【人間関係】

初対面の相手とも気軽に言葉を交わしてみて。今日、出会う相手が運命の人になる可能性も。長いつき合いの相手の新たな面を発見するケースも。

【愛情運】

縛られたくない気持ちが強まりそう。今の交際を継続するのか、新たな人生を歩むのか、決断の日になるかも。シングルの人は恋愛より友情重視が◎。

【仕事運】

転職や再就職を考えているならチャンス。積極的に情報収集したり、活動してみて。異業種の人脈を作るのもおすすめ。将来の夢が広がってきます。

【金運】

短期のバイトが見つかりそう。やる気を周囲にアピールしておくのもおすすめ。投資の研究をしてみるのもラッキー。まずはお小遣いの範囲で始めて。

【健康運】

眼精疲労に気をつけましょう。パソコンやスマホの見過ぎは控えたいもの。肩凝りも目の疲れが原因かも。アイパックしたり、眼薬で癒してあげて。

【幸運のカギ】

レッド、炊き込みご飯、テーマパーク、東

おわりに

いくつもの名前を持つ時代

名前の不思議や秘密を、存分に楽しんでいただけたでしょうか。

まえがきでも触れましたが、戸籍上の名前の他に、いくつもの名前を持つ時代。私も、ペンネームの他に、戸籍上の名前、仕事に使っている旧姓、SNSのハンドルネームなど、いくつかの名前があります。そのどれにも愛着があり、自分の一部なんだなあ、と感じます。そんなことを考えながら、この本を書き綴ってきました。

とはいえ、従来の吉凶中心の姓名判断とは一線を画すための試行錯誤もあり、出来上がるまでに本当に長い時間がかかってしまいました。

辛抱強くおつき合いいただいた編集の酒井陽子さまに、心よりお礼を申し上げます。

また、本書で触れることができなかった「音」による姓名判断の本は、今後の課題として、ぜひ取り組みたいと思います。

「さら」という私のペンネームですが、「沙良」でも「紗良」でもなく、なぜ「沙羅」をいう文字が選ばれたのか？

そもそも、なぜ「さら」と名づけられたのか？
占いというミステリー、人生というドラマはまだまだ、これからも続いていきます。

沙羅

著者紹介

ジュヌビエーヴ・沙羅
(じゅぬびえーヴ・さら)

女性誌、書籍の編集を経て、占術家に転身。西洋占星術や四柱推命を初めとして、夢占い、タロット占い、と幅広く占術を研究。また、パワーストーンの分野においても深い造詣を持つ。著書として『四柱推命恋愛運』（実業之日本社）、『幸運・不運が一目でわかる夢占い』（ナツメ社）、『とっておきの星占い』（ナツメ社）ほか多数。趣味は、ソシアルダンス（JDSF スタンダード A 級）。

説話社占い選書シリーズ創刊の辞

説話社は創業以来、占いや運命学を通じて
「安心できる情報」や「感動が得られる情報」
そして「元気になれる情報」をみなさまに提供し続けてきました。
「説話社占い選書シリーズ」は、占いの専門出版社の説話社が
「21 世紀に残したい占い」をテーマに創刊いたしました。
運命学の知恵の源である占いを、現代の生活や考え方に沿うよう、
よりわかりやすく、そしてコンパクトな形で編集してあります。

みなさまのお役に立てることを願っております。

2014 年　説話社

説話社占い選書 14

もっともわかりやすい 現代式《げんだいしき》 姓名判断《せいめいはんだん》

発行日　2020 年 4 月 30 日　初版発行
著　者　ジュヌビエーヴ・沙羅
発行者　酒井文人
発行所　株式会社説話社
〒169-8077　東京都新宿区西早稲田1- 1- 6
電話／ 03-3204-8288（販売）03-3204-5185（編集）
振替口座／ 00160-8-69378
URL http://www.setsuwasha.com/

デザイン　市川さとみ
編集担当　酒井陽子
印刷・製本　中央精版印刷株式会社

ISBN 978-4-906828-59-3　C 2011